Leitfaden für rentable Investitionen in Kryptowährungen

Inhalt

Die Revolution der Kryptowährungen in der Wirtschaft 6

Erfahren Sie, wie Sie in Kryptowährungen investieren können 7

Investitionstrends bei Kryptowährungen 12

Identifiziert die Eigenschaften von Kryptowährungen 16

Heutige Verwendung von Kryptowährungen 18

Vorsichtsmaßnahmen bei Investitionen in Kryptowährungen 21

Wie man langfristig in Kryptowährungen investiert 26

Entdecken Sie den Preis von Bitcoin als langfristige Investition 29

Langfristig profitabler Handel mit Kryptowährungen 31

Spekulation vs. langfristige Investition in Kryptowährungen 35

Erfahren Sie, wie Sie ein langfristiges Kryptowährungsportfolio aufbauen können 39

Bestandteile einer langfristigen Anlagestrategie 53

Einige Maßnahmen, um langfristige Investitionen richtig zu tätigen 79

Die Rolle von Kryptowährungen als langfristige Option 86

Tipps für langfristige Investitionen in Cardano 88

Alles, was Sie über die Bereitschaft zu langfristigen Investitionen wissen müssen 90

Was Sie bei Investitionen in Kryptowährungen beachten sollten 96

Wie man durch Social Trading in Kryptowährungen investiert 102

Ein Leitfaden für rentable Investitionen durch Kryptowährungen

Die Investition in Kryptowährungen hat sich zu einem viel zuverlässigeren Weg als andere Vermögenswerte entwickelt, vor allem weil sie abwertungsresistent sind. Aus diesem Grund können sie als wichtiges Finanzinstrument eingestuft werden, da Kryptowährungen als Zahlungssystem verwendet werden können, das umfangreiche Vorteile bietet.

Um die Verwüstungen der Wirtschaft zu vertreiben, ist es ideal, jedes Detail über Kryptowährungen zu wissen, da es ein Fluchtweg ist, um Ersparnisse zu haben und vor allem ein zukünftiges Ergebnis, das Ihren Verdienst verdoppeln kann, dieser Vorteil ist, was die tägliche Erwähnung von Bitcoin, Ripple, Dash, Ethereum und vielen anderen verursacht.

Die Revolution der Kryptowährungen in der Wirtschaft

Die Weltwirtschaft hat Kryptowährungen leicht integriert, vor allem wegen des Schutzes, den sie vor Inflation bieten, und weil sie ein dezentraler Vermögenswert sind, d.h. sie hängen nicht von einer Regierung oder einer Bank ab, was sie zu einem attraktiven Markt macht.

Diese virtuellen Währungen werden als digitales Gold eingestuft, ein Versprechen, dass Geld gespeichert werden kann und im Laufe der Zeit an Wert gewinnt, und wird jetzt als eine schnelle und bequeme Art der Bezahlung verwendet, die alle Grenzen überschreitet, während die privaten Daten jeder Transaktion erhalten bleiben.

Für die Ausübung jeglicher wirtschaftlicher Tätigkeit ist es ideal, da es ein hohes Maß an Anonymität bietet. Daher zählt jedes Detail, um eingehend zu erforschen, wie man investieren kann, und gleichzeitig Plattformen zu finden, die diese Operationen mit Sicherheit erleichtern, um Ihr Vermögen zu schützen.

Erfahren Sie, wie Sie in Kryptowährungen investieren können

Die Schritte und Aspekte, die Sie nicht übersehen dürfen, wenn Sie in Kryptowährungen investieren wollen, sind einfach zu verstehen. Wenn Sie sie vollständig befolgen können, können Sie an der Welt der Kryptowährungen teilhaben, ohne so viele Risiken einzugehen.

1. Auswahl eines Maklers

Heutzutage können Sie gute Broker von internationalem Ruf finden, wie eToro und Binance, durch diese Optionen können Sie die Liste der digitalen Währungen konsultieren, die gehandelt werden und verfügbar sind, Sie können unterscheiden, welche diejenige ist, die zu Ihnen passt, je nach den virtuellen Währungen, die sie besitzen und ihre attraktiven Qualitäten im Moment.

Die beiden oben genannten Alternativen sind als die besten Plattformen für den Handel mit Kryptowährungen bekannt, gleichzeitig präsentieren sie Ihnen Optionen, so dass die Investition, die Sie machen, einen profitableren Weg einschlagen kann, können Sie die Möglichkeit oder Option finden, Bitcoin, Litecoin und andere mit guter Prognose zu handeln und zu handeln.

Die gebräuchlichsten Optionen für Investitionen in Kryptowährungen sind Bitcoin, Ripple, Eos, Dash, Ethereum, Neo, Stellar und Litecoin, aber alle diese Währungen variieren je nach Monat oder Zeitpunkt des Markteintritts, so dass es am besten ist, diese Liste ständig zu aktualisieren, um zu beurteilen, welche Vermögenswerte von höchster Qualität sind.

Ein Vorteil, den Sie nutzen können, ist, dass diese Plattformen Ihnen den Handel mit Kryptowährungen ermöglichen, so dass Sie Ihre kurz- und langfristigen Investitionen in die Anlageklasse Ihrer Wahl verschieben können.

2. **Denken Sie über CFD-Verträge nach**

Die Mobilität des Kryptowährungsmarktes ist ein bemerkenswertes Phänomen, denn die Expansion ist eines der häufigsten Anzeichen dieses Mediums und es ist die

Art von finanzieller Gelegenheit, auf die jeder wartet, solange man gut informiert ist, kann man handeln und finanzielle Vorteile erzielen.

Sobald Sie in der Lage sind, Kryptowährungen wie Ripple, Litecoin und Bitcoin zu kaufen und zu verkaufen, ist es möglich, dies in Form eines Finanzprodukts zu tun, das als CFD bekannt ist und Händlern die Möglichkeit bietet, in einen bestimmten Preis zu investieren, ohne ihn tatsächlich zu kaufen.

CFD-Kontrakte können eng mit Kryptowährungen verknüpft werden, so wie der Devisenmarkt entwickelt wurde, so dass Händler auf den Anstieg oder Fall der ausgewählten Vermögenswerte spekulieren können, ohne sie gekauft zu haben.

Eine Aktion, die durchgeführt werden kann, ist der Handel mit Kryptowährungen durch CFDs, wo der Vorteil der Hebelwirkung auftritt, diese Option kann mehr oder weniger hoch sein, je nach Ihren Zielen und der Art der Erfahrung, die Sie bei der Durchführung dieser Aktionen haben.

All dies ist eine klare Botschaft, dass man als Händler kein großes Kapital benötigt, sondern dass man mit einem Prozentsatz des Gesamtwerts einer Position in den Handel einsteigen kann, und dass die Geschäfte 24 Stunden am Tag, 7 Tage die Woche verwaltet werden können.

Was die Sicherheit angeht, gibt es nicht viel zu befürchten, denn solange Sie bei einem sicheren und regulierten Broker sind, können Sie mit Kryptowährungen handeln, ohne dass Sie sich viele Sorgen machen müssen.

3. Vorsicht vor Betrug

Die Wahl der Broker ist der Schlüssel zur Vermeidung von Betrug, da einige Plattformen haben zahlreiche Fälle dieser Art, weil es ein Sektor, der mit einer Menge von Schwankungen arbeitet, und Sie können nicht vollständig vertrauen Schemata und Programme, die einfach und schnell Geld im Austausch für einige Investitionen bieten.

Für den Fall, dass Sie keine sichere und rentable Anlage finden, vertrauen Sie Ihr Geld möglicherweise

Geisteralgorithmen an, die damit werben, dass sie den Kryptowährungsmarkt mit 100-prozentiger Genauigkeit vorhersagen. Aus diesem Grund sollten Sie diesen Mitteln, die Ihnen leichtes Geld versprechen, nicht vertrauen, denn dahinter verbirgt sich meist ein Betrug.

Die einzige Möglichkeit, echtes Geld zu verdienen, besteht darin, Brokern zu vertrauen, die absolut zuverlässig sind, und nicht blind der Werbung zu folgen, die auf dieser Handelsplattform erscheint.

4. **Automatisierten Handel in Betracht ziehen**

Die Manifestation des Copy-Trading wird als eine Strategie für die Plattform Händler automatisch zu kopieren, um finanzielle Positionen zu machen, werden diese von anderen Investoren oder Broker-Nutzer, die bekannt sind, um erfolgreich zu sein in diesem Umfeld für ihre Operationen geteilt.

Dies bedeutet, dass der Anleger Investitionen anderer Händler kopieren kann, die mehr Erfahrung und Erfolg haben, aber es ist eine Methode, die für diejenigen, die wirklich lernen wollen, nicht günstig ist, obwohl es für das Vertrauen und die Bequemlichkeit eine gültige Option ist, es hängt alles davon ab, welche Art von Anleger Sie sind.

Bevor man die Strategie eines Händlers kopiert, gibt es einige Details zu beachten, vor allem darf man den Risikoparameter, die Kosten und die Genauigkeit der Performance-Berichte nicht aus den Augen verlieren, so dass es eine funktionierende Methode ist, einen Teil der Mittel des Anlegers zu verfolgen und die Positionen des Händlers zu kopieren.

Wenn Sie sich für diese Art von Investitionen interessieren, müssen Sie darauf achten, keine großen Summen zu investieren, und sich jederzeit darüber im Klaren sein, dass es ein Risiko darstellt, den Ideen und Strategien eines anderen Nutzers zu folgen, was sich nachteilig auswirken kann.

Investitionstrends bei Kryptowährungen

Seit 2009, als Bitcoin geboren wurde, sind immer mehr Kryptowährungen entstanden, bis heute, wo eine exorbitante Menge dieser Vermögenswerte den Wirtschaftsmarkt dominiert, wo einige von ihnen mit hohem Wert und Popularität aufgetaucht sind und für eine lange Zeit installiert worden sind:

- **Bitcoin**

Als erste Kryptowährung ist sie eine weltweite Garantie, vor allem aufgrund ihrer Beliebtheit auf den virtuellen Märkten, was sich in ihrer Marktkapitalisierung zeigt, die alle Rekorde und Maßstäbe übertrifft, weshalb sie auch nach 10 Jahren noch eine gute Anlageidee ist.

- **Litecoin**

Sie wird als LTC bezeichnet und ist eine der zweittraditionellsten digitalen Währungen. Sie steht hinter all den Bewegungen, die BTC auslöst, und erlebt große Anstiege auf dem Markt, aber gleichzeitig leidet sie unter Phasen, in denen sie zurückbleibt, was ein Zeichen für den Grad der Volatilität dieses Mediums ist.

Aber innerhalb der Eigenschaften von Litecoin gibt es einige Vorteile, die Bitcoin übertreffen, einer von ihnen ist die Zeit der Transaktionen, die in 2,5 Minuten abgedeckt werden, während Bitcoin 10 Minuten dauert, bedeutet dies, dass LTC 4-mal schneller ist als Bitcoin, und das gleiche geschieht mit der Anzahl der Münzen.

- **Ethereum**

Es handelt sich um eine Kryptowährung, die den Vorteil bietet, Anwendungen zu erstellen oder Änderungen an einigen bestehenden Anwendungen vorzunehmen, die nicht mit der Bitcoin-Plattform kompatibel sind, und ihre Kapitalisierung hat sich erhöht und war mehrmals nahe an der BTC.

Ethereum wird als eine der Kryptowährungen anerkannt, die von Unternehmen und einigen Finanzinstituten akzeptiert wird. Dies ist auf den Grad der Beliebtheit zurückzuführen, den es bei vielen Unternehmen genießt, was sich gleichzeitig auf den Preis dieses Vermögenswerts auswirkt.

- **Bitcoin Bargeld**

Es handelt sich um eine Kryptowährung, die sich als eine der wichtigsten weltweit positioniert hat, insbesondere wenn es um die Kapitalisierung geht, vor allem, weil ihr Name darauf hindeutet, dass es sich um eine Bargeldoption handelt, was dazu beiträgt, dass sie als schnellere und effektivere Zahlungsmethode als Bitcoin selbst angesehen wird.

Dieses Ziel einer guten Leistung wurde von den Entwicklern angestrebt, die die Größe der Blöcke, aus denen das ursprüngliche Netzwerk besteht, von 1 MB über 8 MB bis hin zu den heutigen 32 MB erhöhten.

- **Wellenlänge**

Es handelt sich um eine bekannte Kryptowährung, die nicht die Blockchain verwendet, die Transaktionen dazu ermutigt, den Konsens der Mehrheit der Gemeinschaft zu erreichen, so dass sie schneller funktionieren kann als Bitcoin, weshalb Ripple als eine Art sozialer Netzwerkdienst definiert wird.

Die Funktionen von Ripple werden mit denen von PayPal verglichen, aber der Unterschied besteht darin, dass jeder mitmacht und gleich behandelt wird, während PayPal von einer zentralen Behörde verwaltet wird.

Identifiziert die Eigenschaften von Kryptowährungen

Wenn Sie mehr über Kryptowährungen erfahren, können Sie das Verhalten, das sie auf dem Markt zeigen, genau verfolgen:

1. Kryptographie. Es handelt sich um den Einsatz von Verschlüsselungstechniken, die sichere Zahlungen und Quittungen ermöglichen.
2. Dezentralisierung. Das bedeutet, dass diese Vermögenswerte nicht von einer Behörde oder Institution kontrolliert werden.
3. Der Schutz der Privatsphäre. Die Nutzung von Vermögenswerten kann ohne Preisgabe Ihrer Identität erfolgen, die Daten bleiben sicher.
4. Es kann keine Vervielfältigung oder Fälschung stattfinden. Das kryptografische System hilft den

Nutzern, geschützt zu sein, da kein Problem hinsichtlich der Vervielfältigung entsteht.

5. Keine Mittelsmänner. Der Kontakt bei den Transaktionen ist direkt, man ist nur auf den Makler angewiesen.
6. Unumkehrbare Transaktionen. Wenn Sie eine Zahlung leisten, können Sie diese nicht mehr stornieren, das gibt Ihnen Sicherheit.
7. Der Umtausch in Devisen ist erlaubt. Kryptowährungen werden weitgehend unterstützt und können per Mausklick in Währungen umgewandelt werden.
8. Transparenz. Jede Transaktion wird in einem Hauptbuch, der sogenannten Blockchain-Technologie, aufgezeichnet, die gegen Manipulationen immun ist.

Diese Funktionen tragen dazu bei, die Kosten und den Zeitaufwand zu reduzieren und das ständige Risiko, betrogen zu werden, zu beseitigen, was es zu einem besseren Weg als jeden anderen Finanzagenten macht.

Heutige Verwendung von Kryptowährungen

Das Beste an der Investition in Kryptowährungen ist, dass unabhängig vom Zweck eines solchen Schrittes, es immer noch profitabel ist, weil es ein Vermögenswert ist, der eine Vielzahl von Verwendungen hat, ist es ein ideales Medium für den Handel Aktionen wie die folgenden:

- **Kauf von Produkten**

Heutzutage werden Zahlungen in Kryptowährungen weltweit akzeptiert, so dass Sie jede Art von Ausgaben mit Ihren Investitionen decken können, ohne Abhebungen und mit viel weniger Papierkram, es ist ein Vermögenswert, der unter Ihrer Kontrolle ist, so dass Sie Transaktionen frei ausstellen können.

- **Zahlung an Händler**

Traditionell hat die Akzeptanz von Kryptowährungen dazu geführt, dass sie als Zahlungsmittel eingestuft wurden, d.h. traditionelles Geld wurde gegen diese Art von Vermögenswert ausgetauscht, mit dem man alles bezahlen kann, was man möchte.

- **Investieren**

Es besteht kein Zweifel, dass die attraktivste Verwendung von Kryptowährungen die Investition ist, insbesondere in Zeiten, in denen die Inflation weltweit eine Bedrohung darstellt. Aus diesem Grund entscheiden sich immer mehr Menschen, das Risiko einer Investition einzugehen, und im besten Fall können Sie im Laufe der Zeit und der Bewegungen des Vermögenswerts erhebliche Gewinne erzielen.

Doch bevor man diesen Schritt tut, sollte man abwägen, was man zu investieren bereit ist, damit negative Ereignisse nicht das eigene Wohlbefinden beeinträchtigen und somit das Stressniveau minimiert wird, und es ist gesund, den Zeitpunkt der Anlagestrategie abzuwarten und zu respektieren, was sinnvoll ist, da diese Anlagen volatil sind.

- **Abhebung von Bargeld**

Kryptowährungs-Geldautomaten sind Teil der Innovationen, die hinter diesen Vermögenswerten stehen, um den Umtausch von Kryptowährungen in Fiat-Geld zu ermöglichen und gleichzeitig den Kauf von Kryptowährungen für die Verwendung als gängiges Zahlungsmittel zu steigern.

Diese Art von Gewinn bestätigt, dass Kryptowährungen eine gesellschaftliche Realität sind. Wenn Sie also nach einer rentablen Investition suchen, können Sie diese Alternative zum Reichwerden nicht übersehen, denn diesen Schritt zu tun bedeutet, große Gewinne auf einem volatilen Markt zu erzielen, der aber aufgrund der vielen möglichen Prognosen jung bleibt.

Das einzige, was zu tun ist, ist eine bestimmte Menge an Kryptowährungen durch Fiat-Geld zu kaufen, das ist, was ermöglicht es Ihnen, Münzen online zu bekommen, um unter Ihrer Kontrolle zu haben, mit jeder Funktion, die auf der Handelsplattform lebt und auf diese Weise können Sie Kryptowährungen zu akkumulieren, so dass das Kapital wachsen kann.

Vorsichtsmaßnahmen bei Investitionen in Kryptowährungen

Ein Schritt wie die Investition in Kryptowährungen erfordert Aufmerksamkeit, da es sich um ein volatiles Umfeld handelt. Je sorgfältiger Sie vorgehen, desto bessere finanzielle Ergebnisse können Sie erzielen, da es üblich ist, dass eine Kryptowährung ihre historischen Höchststände übersteigt und zu einem Trend wird, aber dann kann sie einen ernsthaften Absturz erleben.

Es gibt jedoch viele Überraschungen im Umfeld von Kryptowährungen, denn egal wie optimistisch man ist, nur sehr wenige Menschen werden einen großen Aufschwung erleben, und dieser kann im Laufe der Zeit eine wirklich lebensverändernde Zahl sein.

Aber wenn es den Aktien schlecht geht, ziehen sich die Anleger zurück, was sich in einem deutlichen Rückgang des Kryptowährungspreises widerspiegelt, aber insgesamt hat der Markt einige Muster, die erkannt und verfolgt werden können, es ist ein viel messbareres Bild im Vergleich zur Vergangenheit.

Der Krypto-Markt in der gleichen Weise, dass es in Bewegung Abschwünge setzt, auch Aufschwünge, es ist ein ständiger Sturm, mit dem Sie vertraut sein müssen, das ist, warum die meisten erstellen alternative Pläne, um sich in schwierigen Zeiten zu erhalten, innerhalb der alternativen Plan müssen Sie die folgenden Vorsichtsmaßnahmen enthalten:

1. **Ausreichende Erfahrungen mit diesem Medium sammeln**

Es mag eine mehr als offensichtliche Maßnahme sein, aber Finanzmärkte haben immer die Eigenschaft, volatil zu sein, und wenn es um Kryptowährungen geht, ist dies ein Hinweis, der nicht unbemerkt bleiben kann, da es Teil des Marktrisikos ist, auch wenn es die gleiche Dynamik wie jeder andere Markt ist.

Langfristig ist diese Volatilität positiv, denn sie ermöglicht es Ihnen, von der Wertsteigerung der von Ihnen gekauften Kryptowährung zu profitieren, bei der die Tendenz eher nach oben als nach unten geht, obwohl die Gefahr in der Fähigkeit liegt, mitzuziehen, da jede Korrektur den Markt in den Keller schicken kann.

Um mit diesen Situationen und Bedingungen zurechtzukommen, muss jeder Anleger selbst beurteilen, ob er das richtige Profil hat, um in eine solche Dynamik zu investieren, d.h. ob er bereit ist, auf einem unbeständigen und unvorhersehbaren Markt zu arbeiten, der zu Beginn kompliziert sein kann, wenn er nicht über ausreichende Erfahrung verfügt.

Für Neuanleger ist es daher unerlässlich, alle kleinen Details über diese Art von Markt zu kennen, damit Verluste deutlich reduziert werden können.

2. **Legen Sie nicht Ihr gesamtes Kapital in eine Anlage.**

Normalerweise bilden Kryptowährungsanleger ein Portfolio, um ihre Investitionen zu diversifizieren, so dass sie im Falle eines Zwischenfalls eine alternative Ressource haben. Wenn dies übersehen wird, entstehen weitere negative Folgen, da sich die Volatilität gegen Sie wenden kann.

Die Welt der Kryptowährungen ist von einer großen Vielfalt an Investitionsmöglichkeiten umgeben, aber einige von ihnen haben kein langfristiges Investitionspotenzial und nicht alle überleben. Daher sollten Sie sich über die besten Optionen für diesen Schritt informieren und je nach Marktinformationen eine persönliche Liste der Investitionsmöglichkeiten erstellen.

Wenn Sie die Art der Anlage, in die Sie investieren, genau kennen, können Sie einige Anlageregeln befolgen, wie z. B. die Diversifizierung, die eine der wichtigsten Maßnahmen ist, um sicherzustellen, dass sich Ihr Kapital nicht auf einen einzigen Vermögenswert konzentriert, so dass Anleger ein Portfolio mit 5 % oder 10 % der Optionen oder Vermögenswerte auf dem Markt aufbauen.

Der nächste Punkt, den es zu analysieren gilt, ist die Verteilung des Kapitalbetrags für jede Kryptowährungsoption. Normalerweise werden 80 % der Option gewidmet, die am stärksten konsolidiert ist, und die anderen 15 % werden am besten den anderen Münzen zugewiesen.

3. Verfolgen Sie Nachrichten und technische Analysen

Wenn man in den Kryptowährungsmarkt einsteigt, ist es wichtig, alles zu wissen, was derzeit passiert, denn Kryptowährungen sind anfällig für Nachrichten oder Ankündigungen. Wenn also ein Gerücht, ein Tweet oder ein Sponsoring wie das von Elon Musk auftaucht, können einige Kryptowährungen in die Höhe schnellen oder abstürzen.

Inmitten dieser Überwachung sollten Sie jedoch auch unterscheiden, dass nicht alles nützlich ist, denn Sie sollten sich nur auf Medien verlassen, die zuverlässig und von der Industrie anerkannt sind, damit Sie Informationen erhalten, die Sie einer Perspektive der Untersuchung und Widerlegung unterziehen, um realen Daten zu folgen.

Die Prominenten selbst sind für die Stimmung am Markt verantwortlich, so dass die Fonds anfällig für interessante Nachrichten sind, die Volatilität erzeugen können, was aber nicht bedeutet, dass dies ein viel wichtigerer Faktor ist als die technische Analyse.

Angesichts eines wiederkehrenden Volatilitätsniveaus tauchen einige Punkte auf, die einen Anhaltspunkt für die Untersuchung liefern, um die Bewegung der Vermögenswerte zu erkennen und die Art und Weise zu verstehen, wie das Volumen gehandelt wird, d.h. durch die Beobachtung der Kumulationspunkte auf den Positionen.

Wie man langfristig in Kryptowährungen investiert

Langfristige Investitionen in Kryptowährungen sind heutzutage weit verbreitet, da sie eine viel einfachere Option darstellen und eine hervorzuhebende Rendite ermöglichen. Das bedeutet jedoch nicht, dass Sie nicht viel über den Markt wissen sollten, bevor Sie den Schritt zu einer Investition in diese Form der Anlage machen.

Kryptowährungen sind als virtueller Freiraum konzipiert, denn sie sind dezentralisierte Vermögenswerte, die im

Wesentlichen aus programmierten Algorithmen bestehen und aufgrund ihrer beeindruckenden Geschwindigkeit und Sicherheit leicht implementiert werden können.

Dieser Schritt muss intelligent durchgeführt werden, um auf Ihr Geld aufzupassen, denn wenn Sie die richtigen Aktionen aneinanderreihen, können Sie aufsehenerregende Gewinne erzielen. Richtiges Investieren hängt also nicht von irgendeiner glücklichen Entscheidung ab, sondern es geht darum, eine Anlagestrategie zu erstellen und ständig zu verbessern, damit Sie einen Gewinn erzielen, Sie können diese Schritte zunächst befolgen:

- **Klein anfangen**

Wenn Sie wenig Erfahrung mit Kryptowährungsinvestitionen haben, ist es ganz natürlich, dass Sie sich vor Angst in die Hosen machen, aber wir empfehlen Ihnen, nicht zu voreilig zu sein und keine übereilten Entscheidungen zu treffen.

Solange Sie die grundlegenden Handelsstrategien beherrschen, können Sie gute wirtschaftliche Ergebnisse erzielen, ohne viel Spielraum für Verluste zu haben.

- **Investieren Sie in Ihre Vorbereitung**

Bevor Sie Teil von Kryptowährungen werden, ist es ein Muss, über die Blockchain-Technologie zu recherchieren, wo Sie ein einzigartiges Register und digitale Währungen finden werden, es ist auch eine Umgebung, in der das zirkulierende Angebot im Vergleich zur Gesamtmenge wohnt, dies ist bekannt als generierte Währungen im Vergleich zu bestehenden Währungen.

Andere gemeinsame Elemente oder Anzeichen für diese Umgebungen sind Inflation, Wallet-Tausch, private und öffentliche Schlüssel. Wenn Sie diese Konzepte nicht beherrschen, werden Sie irgendwann Probleme bekommen, also ist Vorbereitung nie zu viel.

Selbst die erfahrensten Anleger müssen Verluste hinnehmen, aber Erfahrung hilft, bessere Entscheidungen zu treffen, und um diese Art von Wissen zu erlangen, ist es notwendig, Fehler zu machen.

Der Weg der Kryptowährungen ist ein riskanter, aber wenn es gut gemacht, wie ein stetiger Fortschritt, werden Sie eine gute Investition auf einige digitale Währung zu bekommen.

- **Untersuchung der Art des durchzuführenden Austauschs**

Die Zeit ist von entscheidender Bedeutung, wenn es darum geht, die am besten geeignete Art des Umtauschs zu finden. Sie müssen sich darauf konzentrieren, einen besseren Kurs zu bekommen, denn eine gute Investition, die von Anfang an richtig strukturiert ist, führt dazu, dass Sie am Ende über gute Geldbeträge verfügen, mit Gewinnen, die sich nachhaltig positiv auswirken.

Entdecken Sie den Preis von Bitcoin als langfristige Investition

In der Mitte des Kryptowährungsmarktes gibt es verschiedene Schwankungen wie bei anderen Arten von Investitionen, im Falle des Preises von Bitcoin oder einer anderen Kryptowährung werden Sie mit verschiedenen wirtschaftlichen Veränderungen konfrontiert, und in Ermangelung einer Regulierung dieser Vermögenswerte können Sie verschiedene Vorfälle erleiden.

Eine virtuelle Währung ist der freien Entscheidung jedes Nutzers unterworfen, aber durch ihre Verwendung als Zahlungsmittel gewinnt sie mehr Vertrauen in der Gesellschaft, sie ist jetzt eine Währung, die traditioneller wird, was Investitionen in Kryptowährungen bis zu dem Punkt begünstigt, an dem ihr Wert steigt.

Die Regulierung wirkt sich in gewissem Maße auf den Preis von Kryptowährungen aus, denn wenn strenge Regulierungsmaßnahmen auferlegt werden, wird dies bei den Anlegern Ängste auslösen, da sie die Art der Nutzung dieser Vermögenswerte und die Kontrollen, denen sie bei Transaktionen ausgesetzt sind, in Frage stellen.

In einigen Ländern wie Japan, Argentinien, Malaysia und Venezuela wird die Verwendung von Kryptowährungen allmählich eingeschränkt, so dass befürchtet wird, dass es zu einer Art Verbot kommen könnte, was sich auf den Preis auswirkt und den Kryptowährungsmarkt verändert, so dass angesichts eines solchen Rückschlags Stabilität erwartet wird.

Es ist am besten, zu lernen, wie man dezentralisierte Modelle erstellt, denn so kann man die Vorteile der Agilität und Transparenz nutzen, die einen nicht dazu zwingen, Risiken einzugehen, und auch der Gesundheitszustand oder die Entwicklung des Marktes spielt eine Rolle, da er den Wert, den ein bestimmter Vermögenswert erhält, verändert und direkt beeinflusst.

Langfristig profitabler Handel mit Kryptowährungen

Die Investition in Kryptowährungen ist eine riskante Entscheidung aufgrund des Volatilitätsniveaus, dem Sie sich aussetzen müssen. Dies ist auf die Schwankungen zurückzuführen, die der Preis des Vermögenswerts erhält, dies geschieht mit jeder Art von Kryptowährung, aber es ist möglich, auf diese Weise zu wetten, um ein langfristiges Einkommen zu erzielen.

Langfristige Investitionen sind möglich, vor allem weil dieser virtuelle Vermögenswert eine bessere Rendite als jeder physische Vermögenswert hat, dies ist als HODL bekannt, was bedeutet, dass die Kryptowährung gehalten wird, anstatt sie einfach zu verkaufen.

Die Preisvolatilität ist eine Art von Ereignis, an das man sich gewöhnen muss, da das Finanzökosystem aus dieser Art von Reaktionen besteht, was dazu führt, dass Kryptowährungen verpönt sind, aber sie sind dennoch eine große Chance.

Anstatt sich über die starken und schockierenden Kurseinbrüche der Kryptowährungen zu sorgen, ist es am besten, den Kryptomarkt zu verstehen und zu studieren, denn davon hängt es ab, dass die Gelder auf positive Weise mobilisiert werden, und Sie sollten einige Möglichkeiten kennen, wie Sie investieren können:

1. **Handel mit Kryptowährungen**

Es ist eine Form der Investition in Kryptowährungen, die durch den Kauf und Verkauf durchgeführt wird, um einen gewissen Gewinn auf die Schwankungen, die in diesem Medium auftreten und beeinflussen den Preis, das ist der Teil des Marktes, die genutzt werden können, und für diese können Sie alle Informationen über die Bewegungen durch Binance, Bitfinex, Kraken, unter anderem folgen.

2. **Langfristige Investition in Kryptoanlagen**

Sie gilt als langfristige Anlageform, die die Möglichkeit bietet, auf ein Blockchain-Projekt zu setzen, das im Laufe der Zeit höhere Renditen erzielen kann. Allerdings ist dies ein Investitionsweg, der Wissen erfordert, da der Fonds dem Risiko unterliegt, lange Investitions- oder Wartezeiten abzuwarten, um Renditen zu sehen.

3. **Rentenfonds für Kryptowährungen**

Verschiedene Institutionen weltweit haben Kampagnen gestartet, um die Verwendung von Krypto-Assets zur

Unterstützung eines Pensionsfonds zu unterstützen, so dass der Ruhestand mit weniger Trauma oder Angst vor Entwertung behandelt werden kann, und das Vertrauen in Pensionspläne ist gewachsen, so dass die Arbeitnehmer rechtliche und finanzielle Sicherheit haben.

Die Investition in einen Kryptowährungsfonds ist eine gegenwärtige Handlung, die große Ergebnisse in der Zukunft hinterlässt, daher ist es ein Anstoß, der immer regelmäßiger geschieht und Geld oder Fondsinstitutionen dazu veranlasst, auf dem Kryptowährungsmarkt zu zirkulieren.

Diese Maßnahme ist eine Lösung, damit Sie am Ende jeder Arbeitsleistung über einen Fonds verfügen, der nicht von der Inflation betroffen ist und sich im besten Fall sogar vervielfacht hat, und das alles, weil Sie das Risiko eingegangen sind, die Investitionsbedingungen einzuhalten, um eine rentable Entscheidung zu treffen.

Spekulation vs. langfristige Investition in Kryptowährungen

Die meisten Anleger haben eine Gebühr oder eine Finanzspritze auf digitale Vermögenswerte wie Kryptowährungen, da dies eine interessante Möglichkeit ist, Portfolios zu bilden und Operationen mit Fonds zu diversifizieren, da eine Kryptowährung als Wertaufbewahrungsmittel verstanden wird, das sogar Gold überlegen ist.

Im Fall von Ethereum wurde es als zweitgrößter digitaler Vermögenswert der Welt anerkannt, da es parallel zu Bitcoin einen unterschiedlichen Anstieg verzeichnete, was ein wichtiger Präzedenzfall ist, da es seinen Wert in kurzen Zeiträumen in beeindruckender Weise vervielfacht hat.

Die Anstiege der einzelnen Vermögenswerte zeugen von der Volatilität, die bei Kryptowährungen vorhanden ist, und es handelt sich um einen Vermögenswert, der einer starken spekulativen Komponente unterliegt, die

Teil des Kryptowährungsmarktes ist, die jedoch nachlässt, seit Institutionen begonnen haben, in dieses Medium zu investieren.

Große Unternehmen auf der ganzen Welt beginnen, in Kryptowährungen als Wertaufbewahrungsmittel zu investieren, da sie der beste derzeit verfügbare Schutz gegen die Inflation sind, da sie als Vermögenswert bekannt sind, der über jede Art von Spekulation hinausgeht und daher leicht in jeden Investitionsplan integriert werden kann.

Abgesehen von den kurzfristigen Korrekturen befinden sich einige Kryptowährungen weiterhin in einer gesunden Position, was von Kryptoasset-Experten bestätigt wird, die weiterhin optimistisch sind, auch wenn viele der Meinung sind, dass es noch zu früh ist, dieses Medium als ideal anzuerkennen.

Aber die Wahrheit ist, dass Kryptowährungen als langfristige Investition positive Aussichten bieten, insofern sie eine Alternative zur Teilnahme an profitablen Rallyes darstellen, solange man die Investition auf dem

Weg zur Konsolidierung des investierten Kapitals aufrechterhalten kann.

Wahrscheinlich nutzen Großanleger Abschwünge, um einzusteigen, und warten dann auf steigende Bilanzen, alles auf der Grundlage der Preise von Vermögenswerten, was sie dazu veranlasst, den günstigsten Preis zu suchen, um in den Markt einzusteigen, das ist die gängige Meinung der Anleger, um positive Gewinne zu erzielen.

- **Der Schlüssel zu langfristigen Investitionen in Kryptowährungen**

Im Falle eines Vermögenswerts wie Bitcoin wird er als dauerhafte Maßnahme für langfristige Investitionen anerkannt, da er im Vergleich zu traditionellen Fiat-Währungsinvestitionen eine zukunftsorientierte Anlageform darstellt.

Der Glaube an Kryptowährungen besteht darin, sie als Wertaufbewahrungsmittel zu betrachten. Es handelt sich um das bereits erwähnte virtuelle Gold, das die Inflation besiegen kann und daher ein idealer Zufluchtsort ist, an dem Sie mit der riesigen Menge an Kryptowährungen, die nach Bitcoin vorgestellt wurden, diversifizieren können.

- **Der Aufstieg von Ethereum**

Ohne die Rolle von Bitcoin als eine der wichtigsten Kryptowährungen zu schmälern, ist der Rest, wie z.B. Ethereum, in der Lage, wichtige Anstiege zu wecken und Rekordhöhen zu erreichen und ist als Ethereum bekannt, wo ein paralleler Anstieg zu Bitcoin präsentiert wird, hinter dieser Art von Vermögenswert eine große Anzahl von Ähnlichkeiten konzentriert sind.

Beide Vermögenswerte haben die gleichen Qualitäten, aber Ethereum unterscheidet sich von Bitcoin, weil es die Rolle oder Funktion einer Währung erfüllt, da es als Blockchain-Plattform definiert ist, auf der einige Entwickler dezentralisierte Anwendungen erstellen können, die über das gesamte Netzwerk laufen, anstatt von einer Organisation kontrollierte Server zu verwenden.

Der Wert, der hinter Ethereum steht, übertrifft alle Kryptowährungen, da es wichtige Dienste wie dezentrale Streaming-Anwendungen, Webbrowser und andere digitale Dienstprogramme sowie DeFi-Anwendungen, die typisch für das dezentrale Finanzwesen sind, bietet.

Da immer mehr Anwendungen der Blockchain-Technologie auftauchen, steigt der Wert von Ethereum, was es zu einem sehr positiven Vermögenswert macht, da es sich um eine Art von Technologie handelt, die Fortschritten unterworfen ist, ist es möglich, langfristige Investitionen zu tätigen, da sie sich in einer Hausse befindet.

Erfahren Sie, wie Sie ein langfristiges Kryptowährungsportfolio aufbauen können

Langfristige Investitionen in Kryptowährungen sind bekanntlich eine ideale Strategie, um das eigene Anfangskapital zu vermehren, vor allem, indem man die Vielfalt der auf dem Markt befindlichen Vermögenswerte nutzt, von denen jeder einzelne als Chance zum Geldverdienen oder zur Kapitalvermehrung erkannt wird.

Die meisten erfahrenen Anleger beherrschen die Grundlagen des Investierens, wie z. B. Portfoliodiversifizierung, kurz- und langfristige Instrumente, ständige Marktforschung und andere, aber auch ein Anfänger kann diese beherrschen und sein eigenes langfristiges Kryptowährungsportfolio erstellen.

Um durch langfristige Investitionen Ergebnisse zu erzielen, sollten Sie die folgenden Punkte beachten:

- **Pro und Kontra**

Bei langfristigen Anlagen liegt der Schwerpunkt auf dem Erwerb von Vermögenswerten, um sie zu akkumulieren und später zu verkaufen, wobei die Zeitspanne je nach den Zielen des jeweiligen Anlegers variieren kann, sowie auf der Haltung, die darin besteht, die Vermögenswerte unabhängig von der Marktsituation zu halten.

Diese Synonyme werden direkt mit langfristigen Investitionen in Verbindung gebracht, aber der Unterschied zwischen dieser Erwartung und dem Hodling liegt in der Überzeugung, dass die Position gehalten wird, wenn der echte Glaube besteht, dass eine Kryptowährung den Mond erreichen wird, während traditionelle Investitionen sich auf zuverlässige Fakten stützen.

Unabhängig davon, warum die Strategie entwickelt wird, ist es wichtig, dass der Anlageansatz langfristig funktioniert, indem man traditionelle Instrumente wie Anleihen oder Aktien nutzt, um besser zu verstehen, was Kryptowährungen darstellen und wie volatil sie sind.

Es handelt sich jedoch um eine Branche, die einem raschen Wandel unterworfen ist. Mit diesen Risiken müssen Sie umgehen, vor allem, weil der von Ihnen gekaufte Vermögenswert beispielsweise innerhalb eines Jahres ungültig werden kann, aber derselbe Faktor kann sich auch zu Ihren Gunsten wenden, wie dies bei kryptografisch relevanten Ereignissen üblich ist.

Die Änderungen verhängen ein drastisches Ergebnis auf die Vermögenswerte und deren Wert, das ist, was am Ende ist in der Lage, Gewinne zu betrachten, aber halten cryptocurrencies für die langfristige ist eine weniger riskante Aktion im Vergleich zu Day-Trading-Aktivität, vor allem, wenn Sie verwalten, um eine stetige Beteiligung als Händler haben.

Die Vorteile von langfristigen Investitionen in Kryptowährungen sind folgende:

1. Die Volatilität auf Krypto-Ebene kann den Wert von Investitionen zu verschiedenen Zeiten und Ereignissen erhöhen.
2. Ein Schlüsselelement ist das Projekt, das die Kryptowährung besitzt, da diese Art von Daten einen direkten Einfluss auf ihren Wert und den Markt hat und ein frühzeitiger Kauf einer Kryptowährung in der Lage ist, mit der Zeit und den Fortschritten des Projekts erhebliche Gewinne zu erzielen.
3. Keine zentrale Behörde greift in das Wachstum und die Verbreitung von Kryptowährungen ein, was bedeutet, dass die einzige Person, die die volle Kontrolle darüber hat, Sie selbst sind, was

bedeutet, dass es sich um einen dezentralisierten Vermögenswert handelt und keine Regierung in die Inflationierung oder Deflationierung des Preises eingreifen kann.

So wie es positive Präzedenzfälle gibt, so gibt es auch negative Vorfälle wie den folgenden:

1. In manchen Situationen kann die Volatilität als eines der am wenigsten erwarteten Ergebnisse zu einer Abwertung der langfristigen Investition führen.
2. Kryptowährungen können als digitale Vermögenswerte eine Bedrohung durch das Hacken von Brieftaschen oder die Nachverfolgung von Portfolios darstellen.
3. Der Zugang zur Brieftasche, in der die Gelder gespeichert sind, muss sorgfältig geschützt werden, d. h. die Passwörter müssen hacksicher sein.

Diese positiven und negativen Bewertungen helfen Ihnen, einige Vorsichtsmaßnahmen ernst zu nehmen, wenn Sie in Kryptowährungen investieren. Anhand dieser Ansatzpunkte können Sie die richtigen Entscheidungen für jede Situation treffen oder wissen, was auf Sie zukommt.

- **Schritte zum Aufbau eines langfristigen Portfolios**

Wenn Sie die Entscheidung getroffen haben, in Kryptowährungen zu investieren und diese langfristig zu halten, ist es wichtig, einige grundlegende Schritte zu befolgen, die es Ihnen erleichtern werden, die erwarteten Ergebnisse zu erzielen.

1. **Wählen Sie eine Kryptowährung**

Ein grundlegender Schritt besteht darin, die Kryptowährung auszuwählen, in die Sie investieren wollen. Um dies zu erleichtern, können Sie Nachforschungen über diese digitalen Vermögenswerte anstellen, um eine Entscheidung auf der Grundlage einiger geeigneter Daten zu treffen, die es Ihnen ermöglichen, die Entscheidung für eine langfristige Investition zu treffen.

Die Forschung über einen Vermögenswert muss tiefgründig sein, dafür können Sie jedes der sozialen Netzwerke ausschöpfen, um nicht übersehen zu werden, so dass Sie die Entwicklung und Projektion der Kryptowährung genau verfolgen können,

2. Recherchieren Sie die Idee

Das Projekt einer jeden Kryptowährung basiert auf einer Idee oder einem Zweck. Das sollten Sie bewerten oder berücksichtigen, denn wenn der Vermögenswert einen völlig innovativen Ansatz bietet, kann er Probleme lösen, und dieser Wert spiegelt sich direkt im Preis des Kryptoassets wider.

Im Falle eines Vermögenswerts, der eine Entwicklungsvision auf der Blockchain-Technologie generiert, wird es verschiedene positive Veränderungen des Preises geben. Dies ist nützlich, um zu entscheiden, ob das Projekt solide genug ist, um als Investition angenommen zu werden und ob es die volle Aufmerksamkeit eines Investors verdient.

3. Bewertet die Marktkapitalisierung von Kryptowährungen

Das Thema oder der Aspekt der Marktkapitalisierung bezieht sich auf die Darstellung des Marktanteils, der auf dem Markt für einen bestimmten digitalen Vermögenswert entsteht, und bei der Erlangung dieses Maßes sollten Sie sich bewusst sein, dass je höher die Marktkapitalisierung ist, desto geringer die Risiken für die Anleger sind.

Dies ist ein Schritt, den selbst die erfahrensten Anleger unternehmen, denn er ist der Schlüssel zum Erfolg beim Wetten auf Kryptowährungen, um Verluste zu reduzieren und Gewinne zu streuen.

Langfristige Betrachtung dieser Arten von Elementen bildet den Weg zum Gewinn, es geht um Intelligenz, verschiedene Kryptowährungen zu kaufen, die langfristig funktionieren, dies hilft Ihnen, die Möglichkeiten eines Wertanstiegs zu nutzen, so dass Sie finanzielle Vorteile haben.

4. **Wählen Sie einen Portfolio-Tracker für Kryptowährungen**

Heutzutage gibt es mehrere Tools, die Investoren mit allen detaillierten Informationen über die Vermögenswerte versorgen, die Lösung kann unter den Dienstleistungen von Cryptocompare oder auch Cointracker sein, da sie klare Alternativen sind, um Kryptowährungsinvestitionen langfristig zu verfolgen.

Anleger halten ihre Gelder in der Regel über digitale Geldbörsen, die mehrere Währungen enthalten. Daher ist es wichtig, dass sie die sichersten und zuverlässigsten auswählen können.

- **Welche Art von Kryptowährungen Sie wählen sollten**

Die Gestaltung eines Kryptowährungsportfolios beinhaltet eine vorherige Analyse, da dies die Garantie für Sie ist, eine Investitionsoption mit viel Zukunft zu erhalten, normalerweise können Sie einige Rankings verfolgen, die die Lebensfähigkeit einiger Kryptowährungen klassifizieren, indem Sie dies verfolgen, können Sie die Hilfe für Sie haben, um die Präferenz zu bauen, die Sie benötigen, um das Portfolio zu erstellen.

1. Wichtige Kryptowährungen

Die wichtigsten Kryptowährungen sind diejenigen, die eine fundamentale Säule für die Kryptowährungsindustrie darstellen. Eine der bekanntesten und offensichtlichsten ist Bitcoin, was bedeutet, dass es bei der Erstellung eines Portfolios ein kluger Schachzug sein kann, BTC unter Ihren Optionen zu haben.

Zweitens gehört zu den wichtigsten Kryptowährungen Ethereum, das sich bei der Verwendung in dezentralen Anwendungen schnell weiterentwickelt und daher eine gute Ressource für ein langfristiges Portfolio darstellt.

2. Anonyme Kryptowährungen

Inmitten der Kryptowährungsindustrie können Operationen durchgeführt werden, die die Identität jedes Nutzers schützen. Dieses Maß an Privatsphäre kann maximiert werden, sobald Sie Transaktionen durchführen, und dies überträgt sich auf die anonymen Kryptowährungen, die zunehmend gefragt sind.

Inmitten der Blockchain und der Entwicklung von Kryptowährungen entsteht eine breite Akzeptanz dieser Art von Vermögenswerten, aber es braucht ein wenig Vorbereitung, bevor man sie als Investition vorzieht, die Teil der eigenen Routine sein kann, wie Zcash und Monero, so dass niemand die Transaktionen verfolgen kann, da sie verschlüsselt sind.

3. Protokolle für Kryptowährungen

Einige schillernde Projekte werden als Versprechen, die Welt zu verändern, präsentiert, dies geschieht durch die Ära der Initial Coin Offerings bekannt als ICO's, diese sind meist deaktiviert oder durch einige Umstände des Betrugs informiert gehalten, und dann wurden technologische Lösungen präsentiert, die innovativ sind.

Durch das dezentralisierte Orakel-Netzwerk Chainlink (LINK) wird es als ein Trend in der Branche vorgestellt, da es als ein Versuch funktioniert, reale Anwendungen mit einigen intelligenten Verträgen zusammenzubringen, die Funktion von Chainlink wird in der Skalierung über Kryptowährungen gehalten.

Die langjährige Rolle von Polkadot hat seine Glaubwürdigkeit bestätigt. Theoretisch bietet diese Plattform spezielle Lösungen für Überweisungen zwischen den Ketten, um Skalierbarkeitsprobleme zu lösen, was die DOT-Währung zu einer praktikablen Option für den Aufbau eines langfristigen Portfolios macht.

Auf der anderen Seite ist Cardano ein solides Projekt, das darauf abzielt, einige zentrale Probleme der Blockchain zu lösen, wie z.B. mangelnde Sicherheit, Skalierbarkeit und transparente Transaktionen, Zugang zu einem umfassenden Ruf zu erlangen, eine hohe Marktkapitalisierung zu erreichen und fortschrittliche Lösungen zu veröffentlichen.

Ein interessantes Asset, um eine langfristige Wallet zu fixieren, ist MIOTA, weil es als eine attraktive Option für Trader wahrgenommen wird, da die IOTA-Kryptowährung ohne Provisionen gehandelt werden kann und viel weniger Miner involviert sind, die Entwickler, die in dieses Projekt involviert sind, sind autark und bieten Skalierbarkeit.

Diese Art von Projekt basiert nicht auf der Blockchain, sondern verwendet eine Art einzigartigen Konsens, der zu Tangle gehört, obwohl es die wichtigsten Eigenschaften digitaler Währungen wie Dezentralisierung, Verschlüsselungsmethode, fehlende Kontrolle und andere aufweist.

Eine Kryptowährung, die man in Betracht ziehen sollte, ist NEO, da sie Wettbewerbsvorteile auf dem Markt bietet, und dies hat bei allen Kryptowährungsliebhabern Vertrauen geschaffen, insbesondere aufgrund der gesamten Marktkapitalisierung, die sie bietet.

4. **Andere Kryptowährungen**

Wenn es um Kryptowährungen geht, gibt es immer wichtige Alternativen, die Aufmerksamkeit erregen. Eine davon sind Tron und EOS, die eine Ergänzung für die Gestaltung des Portfolios sein können, da das Hauptziel dieser Anlageklasse darin besteht, ein eigenes Ökosystem auf nativen Blockchains zu erhalten.

Aber egal, um welche Art von Kryptowährung es sich handelt, der Markt unterliegt dennoch ständigen Veränderungen innerhalb weniger Stunden, Minuten oder Sekunden, und selbst über lange Zeiträume kann dies eine wiederkehrende Variante sein, so dass das Halten dieser Art von Vermögenswerten eine profitable Idee sein kann.

Ebenso arbeitet Stellar daran, den Zahlungsverkehr zu erhöhen und im Gegenzug die Gebühren für grenzüberschreitende Transaktionen zu senken. XLM wird von einigen Unternehmen mit einer Kapitalisierung von mehreren Milliarden Dollar ständig genutzt, vor allem, weil es sich um eine billige Kryptowährung handelt, die sich im Aufwärtstrend befindet.

Ebenso Litecoin ist eine viel schnellere Version von BTC, und glänzt in jeder Top-Kryptowährung, inmitten dieser Position hat es beibehalten und provoziert großes Interesse am Kauf und Wetten auf diesen Vermögenswert, was bedeutet, es ist eine nützliche Kryptowährung.

Schließlich taucht eine Kryptowährung auf, die auf dem Markt sehr bekannt ist, Bitcoin Cash, die ein gutes Beispiel für das Ergebnis der Abspaltung ist, ohne zu vergessen, dass BCH weiterhin die Reihenfolge der wichtigsten Kryptowährungen nach Marktkapitalisierung anführt.

Bestandteile einer langfristigen Anlagestrategie

Die Bewegung, die sich auf dem Kryptowährungsmarkt abzeichnet, ist für viele wirklich beunruhigend. Aus diesem Grund hat sie ein bemerkenswertes Wachstum, obwohl die Trends nicht ewig anhalten, d.h. es ist kein ruhiges Ökosystem und das wiederum erschwert HODL.

Angesichts dieser Mentalität sind viele Anleger in der Lage, aufzugeben und große Verluste hinzunehmen, aber die Antwort kann darin liegen, die Richtung des

Marktes zu bestimmen, kurzfristig aufzugeben, weil es ein riskanter Schritt ist und für Anfänger kompliziert sein kann.

Die Antwort liegt in einem langfristigen Weg zur Verwirklichung Ihrer Einkommensmöglichkeiten, und mit Kryptowährungen können Sie dies erreichen, aber Sie müssen damit beginnen, eine Strategie zu entwickeln, der Sie folgen können, damit das Portfolio gedeihen kann und kein mentaler Aspekt Sie vom Wachstum abhalten kann.

Keine Idee in der Welt der Kryptowährungen ist idiotensicher, also ist es nur eine Frage der Planung, um gute Praktiken zu etablieren, so dass Sie die Chancen, Ihr gesamtes Kapital zu verlieren, verringern können, und zur gleichen Zeit folgen mehr rechtzeitige Maßnahmen, um eine positive Rendite zu ernten.

Aber sich auf alles zu konzentrieren, was täglich in der Finanzwelt passiert, ist keine gute Idee, auch wenn das nicht bedeutet, dass man erwarten sollte, zu kaufen und sein Geld mit einer völlig passiven Haltung zu halten, denn das ist nicht das, worum es beim HODLing geht, wo es darum geht, mit Geduld abzuschätzen, was auf dem Markt passiert.

Um mehr Klarheit zu schaffen, ist es unerlässlich, einen Plan mit einer soliden Strategie zu entwickeln, damit Sie Kryptowährungen in einem Portfolio halten können, das in der Lage ist, die finanziellen Vorteile zu erzielen, die Sie beim Kauf von Kryptowährungen anstreben.

- **Die Grundlagen einer langfristigen Anlagestrategie**

Ein erster Schritt zum Aufbau einer guten langfristigen Anlagestrategie besteht darin, Mittel zu verwenden, die nicht zum Leben notwendig sind, so dass Sie im Falle eines Ereignisses oder Notfalls aus den Schwierigkeiten herauskommen, ohne diese Mittel zu verbrauchen, andernfalls werden Sie die Kryptowährungen zu einem Zeitpunkt verkaufen, an dem Sie einen Verlust machen werden.

Neben den zusätzlichen Mitteln ist es wichtig, sich um die Sicherheit zu kümmern, damit die angelegten Gelder nicht gefährdet sind, vor allem nicht in der Zeit, in der sie nicht angerührt werden, weil sie angelegt werden, dies ist von grundlegender Bedeutung, damit Sie sich nicht von Ihren Gefühlen hinreißen lassen und etwas abheben wollen, so dass es am besten ist, zu denken, dass es nicht Ihnen gehört und sicher ist.

Ein weiterer wichtiger Aspekt bei der Investition in Kryptowährungen ist das Wissen, das Sie über das Projekt haben, in das Sie investieren. Wenn Sie einige tiefgreifende Fragen beantworten, werden Sie das Potenzial hinter der Investition erkennen, z. B. ob es sich um einen Vermögenswert handelt, der ein Problem löst, und zu welcher Art von Branche er gehört.

Auf diese Weise können Sie herausfinden, wer hinter dem Projekt steht, so dass es keine Sackgasse ist oder möglicherweise zu einem Betrug führt. Um eine Strategie zu entwickeln, müssen Sie diese Aspekte berücksichtigen, um diejenige auszuwählen, die die meiste Bewegung auf dem Markt hat, um die Zukunft und das Potenzial zu quantifizieren, das sie hat.

Bei einer langfristigen Strategie muss man auch messen, was mittelfristig passiert, denn das zählt letztendlich, dank der Variablen hinter der Blockchain-Technologie, die nur darauf abzielt, jedes Detail über Kryptowährungen zu verbessern.

Wenn man sich die wichtigsten Ideale dieser Vermögenswerte vor Augen hält, kann man sich auf den systematischen Kauf konzentrieren, solange der Preis niedrig ist, und dann die Möglichkeit haben, sie zu verkaufen, wenn sie diesen Preis vervielfacht haben, obwohl man sich vorher darüber im Klaren sein muss, dass man wahrscheinlich scheitern wird, weil es keine genaue Formel gibt.

Sie müssen sich darüber im Klaren sein, dass die Investitionsmethodik immer mit Verlusten verbunden ist, so dass Sie sich nicht zu sehr über die entgegengesetzten Bewegungen des Marktes zu dem, was Sie investiert haben, Sorgen machen sollten, da es sich um ein unbeständiges Ökosystem handelt und dies zu ständigem Stress führt.

Wenn Sie diese Art von Risiko akzeptieren, können Sie ignorieren, wie kompliziert dieses Umfeld sein kann. Das ist wichtig, damit Sie ein gutes Gefühl für den Markt und vor allem für das, was Sie investiert haben, bekommen.

Aber solche Studien sind nicht sicher, da es auf einem Markt keine Gewissheit gibt und sie auf lange Sicht dazu führen können, dass man Geld verliert. Daher ist es am besten zu verstehen, dass es sich um ein Ökosystem handelt, auf das man keinen Einfluss hat, und zu akzeptieren, was passiert, um bessere Ergebnisse zu erzielen.

- **Erkenne dich selbst**

Auf einem Markt mit hoher Volatilität besteht die Gefahr, dass man gegen seine Emotionen und Überzeugungen ankämpfen muss. Diese Strategie zielt darauf ab, Gefühle beiseite zu schieben, damit Entscheidungen mit größerer Klarheit getroffen werden können, insbesondere beim Handel auf einem Markt, der sich nicht rational bewegt.

Kurzfristig kann jede Art von Nachricht zu überraschenden Kurseinbrüchen oder -anstiegen führen, aber langfristig, wenn Sie die Möglichkeit haben, die Skalierbarkeit des Projekts zumindest mit einer logischeren Argumentation zu messen, dann können Sie eine Investitionsmöglichkeit finden und Sie werden nicht aus Angst handeln.

Wenn Sie sich nicht selbst kontrollieren oder sich nicht die Zeit nehmen, darüber nachzudenken, was Sie tun werden, passieren in der Regel die folgenden Fehler:

1. Investieren Sie in etwas, das Sie nicht kennen oder verstehen.
2. Konzentrieren Sie alle Investitionen auf einen einzigen Vermögenswert.
3. Ständiges Kaufen und Verkaufen ohne jegliche Planung.

4. Die Anlage hoher Geldbeträge in einer Währung mit niedrigem Wert.
5. Setzen Sie eine Hebelwirkung ein und kaufen Sie Leerverkäufe.

Allerdings ist jeder Anleger ein Mensch, und bei jedem Schritt wird es einen emotionalen Wert geben, insbesondere bei der Wahl der Vermögenswerte, aber es muss unterschieden werden, dass es nicht darum geht, blind an den gekauften Vermögenswert oder an die Marktbewegungen zu glauben, was bedeutet, dass es meist falsch ist, wenn jemand behauptet, dass ein Vermögenswert steigen wird.

Wenn der Markt dann Ereignisse zeigt, die im Gegensatz zu den angekündigten stehen, werden Sie nach einer Ausrede suchen. Aus diesem Grund ist es am besten, sich daran zu erinnern, dass es sich um einen volatilen Markt handelt, oder einfach den Fehler in der Art und Weise des Handelns anzunehmen, da inmitten einer Investition die Gefühle am wenigsten überwiegen.

- **Projekte vor der Investition recherchieren**

Bei langfristigen Investitionen werden Candlesticks, Charttrends und alle anderen Messgrößen irrelevant, da die Elemente, die im Mittelpunkt stehen, diejenigen sind, die das Währungsprojekt ausmachen.

Die üblichen Eigenschaften dieser Art von Forschung sind die folgenden, so dass Sie analysieren können, wie Sie den nächsten Schritt machen können:

1. Wer steht hinter dem Projekt?
2. Klarheit und Detailgenauigkeit des Weißbuchs.
3. Wie funktioniert das Projekt? Nach einer technischen Begründung zu suchen.
4. Welches reale Problem es zu lösen versucht oder welchen Nutzen es hat.
5. Die Branche, für die der Vermögenswert steht.
6. Die Vereinigungen, die das Entstehen dieses Vermögenswertes unterstützen.

Wenn Sie die Technologie, die Branche oder den Zweck der Währung zunächst nicht verstehen, sollten Sie abwarten und sich den Einstieg in diese Welt überlegen, dafür können Sie sich für eine fachkundige Beratung, einen Grundkurs entscheiden, d.h. sich mehr um Ihre Bildung in der Welt der Kryptowährungen kümmern.

Aber die Begrenzung konzentriert sich darauf, nicht zu kaufen, nur weil man in einem sozialen Netzwerk darüber gelesen hat, sondern einen soliden Ausgangspunkt zu haben, um die Fakten allein zu bewerten, Ihre eigene Forschung hat mehr Gewicht bei der Entscheidungsfindung, anstatt nur einigen Empfehlungen zu folgen, so dass Sie mehr Verantwortung für das haben, was passiert.

- **Diversifiziertes Anlageportfolio**

Die Diversifizierung Ihrer Investitionen ist ein grundlegender Schritt, da sie als Schutzwaffe fungiert, um das Risiko zu senken, denn egal wie viel Sie über ein Projekt gelesen haben, es gibt immer noch viel zu lernen und herauszufinden, so dass die Unsicherheit verringert werden kann, wenn Sie verschiedene Anlagen kaufen.

Ein Detail oder ein Punkt, der hervorzuheben ist, ist, dass die Konzentration auf den Kauf von Münzen, die einen Mindestwert in Cent haben, auch keine Lösung ist, weil man am Ende alles verlieren kann, weil man nicht sicher weiß, ob es sich um ein Projekt mit Zukunft handelt, dasselbe passiert mit Münzen, die perfekt aussehen, am Ende ist nichts sicher oder zuverlässig.

In einem Markt, in dem jeden Tag so viele Münzen auftauchen, ist es üblich, dass ein Projekt schlecht ausgewählt wird oder dass Bedrohungen durch einige aufkommende Kryptowährungen entstehen, daher ist der Wettbewerb ein Faktor, den man im Auge behalten sollte. Im Fall von IOTA handelt es sich um eine Kryptowährung, die keine Blockchain-Technologie verwendet hat, aber jetzt sind Circle und Hashgraph als Konkurrenz aufgetaucht.

Ein weiteres klares Beispiel ist der Fall von Ripple, der als einziger das Ziel verfolgte, das Bankensystem zu unterstützen, aber dann mit der Ankunft von Stellar Konkurrenz bekam.

Zunächst einmal können Sie über einen Geldbetrag verfügen, der in etwa dem Wert der Kryptowährungen entspricht, und da es keine Beschränkungen hinsichtlich der

Art der Kryptowährungen gibt, die Sie hinzufügen werden, sind diese Ansichten eine der empfehlenswertesten, so dass ein grundlegender erster Schritt darin besteht, ein Portfolio mit verschiedenen Arten von Vermögenswerten aufzubauen.

Dann, wenn es eine Vielfalt von Kryptowährungen im Portfolio gibt, sollte der Betrag, der in jede einzelne investiert wird, beibehalten werden, so dass Sie ein ausgewogenes Portfolio haben, denn wenn Sie zum Beispiel 10.000 $ haben und etwa 10 Vermögenswerte, ist es wichtig, dass Sie ab und zu ein Rebalancing durchführen können, so dass ein Maß von 1.000 $ investiert bleibt.

Die verschiedenen Arten von Kryptowährungen, mit denen Sie Ihre Brieftasche erstellen können, sind wie folgt:

1. Transaktionswährungen.
2. Wertmünzen.
3. Plattform-Münzen.
4. Utility-Token.
5. Durch Vermögenswerte gesicherte Token.

Ebenso können einige zusätzliche Kategorien entstehen, und Kryptowährungen unterscheiden sich geringfügig von Token, aber das sind formale Merkmale, die nicht entscheidend sind, so dass Sie vor einer Investition solche Konzepte konsultieren können, und im Falle von ICOs können sie je nach Angebot in eine dieser Kategorien passen.

Es ist möglich, einige konzeptionelle Einschätzungen über Transaktionswährungen zu verifizieren, die diejenigen sind, die einen Wert bieten, zu denen Bitcoin gehört, während Plattformwährungen diejenigen sind, die mit der Blockchain-Technologie verbunden sind und über die Anwendungen erstellt werden können, was bei NEO, Ethereum und anderen der Fall ist.

Eine Beschreibung von Utility-Token basiert auf jenen, die für Dapps gebaut werden, d.h. sie entsprechen einem Design für die Blockchain-Anwendung, im gleichen Sinne sind Value-Token jene, die keiner Stiftung entsprechen und zur Geldbeschaffung verwendet werden.

Ein Beispiel für die Bildung eines Portfolios ist die Aufnahme von EOS, IOTA, NEO, Monero, Cardano, Stellar, Ethereum und Bitcoin. Das ist eine nützliche Referenz, aber Sie können sich Zeit nehmen, um das Portfolio zu wählen, das am besten zu Ihnen passt.

Das zu wählende Gleichgewicht sollte immer an Ihre Bedürfnisse angepasst werden, Sie sollten auch bedenken, dass es Vermögenswerte gibt, die riskanter sind als andere, also sollten Sie nach denen suchen, die für Sie sicherer sind, ohne sich für eine Alternative zu entscheiden, die übertrieben ist, außerdem können Sie alle 6 Monate einige Kryptowährungen verkaufen, die im Wert gestiegen sind.

Für den Fall, dass einige Vermögenswerte sinken, ist es an der Zeit, mehr zu kaufen. Das ist der Weg, damit das Portfolio eine ausgewogene Linie beibehalten kann, ohne dass alle Vermögenswerte im gleichen Verhältnis steigen müssen, aber eine allgemeine Regel ist, dass keine einzelne Kryptowährung das ganze Gewicht oder die ganze Relevanz tragen sollte.

- **Andere Aspekte einer Strategie**

Nachdem Sie sich über die Auswahl von Kryptowährungen informiert haben, müssen Sie eine solide Strategie mit allen notwendigen Elementen entwickeln, damit Sie die Disziplin aufrechterhalten können, die diese Art von Investitionen erfordert, und einige Ihrer Verluste reduzieren können.

Wenn Sie diese notwendige Dosis an Disziplin nicht aufbringen, werden Sie von Emotionen beherrscht. Wenn Sie sich jedoch auf das Investieren konzentrieren, haben Sie die Möglichkeit, bei guten Signalen auf dem Markt zu profitieren, wenn sich ein Aufwärtssignal ergibt, aber wenn Sie aus Verzweiflung verkaufen, verpassen Sie die Gelegenheit zu profitieren.

Aus diesem Grund müssen Sie diese zusätzlichen Aspekte beachten, um eine starke Strategie zu haben:

1. Wählen Sie die Häufigkeit der Messung und Bewertung des Anlageportfolios aus, z. B. einmal pro Woche oder einmal im Monat. Wichtig ist, dass es sich um einen geeigneten Tag handelt,

damit Sie nicht in Eile sind und die Analyse mit der nötigen Zeit durchführen können.
2. Verwenden Sie eine Anwendung, mit der Sie die Preise verfolgen können, so dass Sie jede Bewegung wahrnehmen können. Eine der am häufigsten verwendeten Alternativen ist Altpocket, da es Ihnen erlaubt, die Leistung des Portfolios zu sehen, entweder vollständig oder einzeln mit jeder Kryptowährung.
3. Es ist sinnvoll, einen durchschnittlichen Preisplan zu erstellen, da er dazu dient, den Gesamtbetrag der Investition zu bestimmen, bis hin zur Bemessung der Verpflichtungen und des Zeitraums, in dem diese Mittel Teil dieses Zwecks sein werden.
4. Wählen Sie eine Strategie, um die Gewinnmitnahme durchzuführen, d.h. Sie müssen beantworten, zu welchem Zeitpunkt Sie die Kryptowährungen verkaufen werden, um einen Gewinn zu erzielen, und wie hoch der zu verkaufende Betrag ist, so dass Sie im Idealfall bei der

Zusammenstellung des Portfolios mit den Prozentsätzen diese Regeln getreu befolgen können.

Überzeugungen sind von grundlegender Bedeutung, um nicht aus den Augen zu verlieren, was man beim Verkauf oder Kauf tun sollte, indem man einen ausgewogenen Ansatz verfolgt. Diese Grundregeln sind also eine Disposition, um zu kaufen und zu jedem beliebigen Zeitpunkt rechtzeitige Entscheidungen zu treffen.

- **Reaktionen und Kaufentscheidungen**

Ein wichtiger Tipp ist, einen Weg zu finden, um schrittweise zu kaufen, so dass Sie nicht die Volatilitätsvorfälle bekommen, so dass Sie den richtigen Zeitpunkt zum Kauf entscheiden können, obwohl es schwierig sein kann, eine einzelne Etappe zu sehen, die perfekt ist, so dass, indem Sie es stückweise tun, werden Sie nicht negativ beeinflusst werden.

Ein Durchschnittspreis ist eine ideale Alternative, so dass Sie Kryptowährungen ohne viele Probleme oder negative Folgen kaufen können. Wenn die Transaktion sofort durchgeführt wird, gibt es Verluste und Reue, die Idee ist, den besten Preis zu erhalten, so dass Emotionen nicht auf diese Investition einwirken.

Wenn man ein Portfolio aufbaut, macht man sich keine Gedanken über die künftige Marktlage, vor allem, weil man das nicht mit Sicherheit wissen kann, aber wenn die Kaufzeiträume flexibler sind, bleibt man unabhängig von den Marktentwicklungen ruhig.

Normalerweise basieren die Einkaufsprogramme oder -methoden auf der Häufigkeit, denn es kann sich um wöchentliche, monatliche oder jährliche Einkäufe handeln, und sie können auch nach Menge erfolgen, so dass sie in Runden von der kleinsten bis zur größten Menge oder umgekehrt durchgeführt werden können, wichtig ist nur, dass sie zu verschiedenen Anlässen erfolgen.

Jede risikoreiche Situation kann durch Cost Averaging beiseite gelegt werden, es ist ein Vorteil, langfristig mit einem besseren Start zu investieren, der sich auf die zukünftige Produktivität auswirkt, da Sie darauf achten, dass die Kryptowährung im Laufe der Zeit wächst oder im Wert steigt, aber um Ihren Geist von dieser übermäßigen Suche nach dem besten Zeitpunkt abzulenken, ist es die beste Antwort, eine Pause einzulegen.

Eine weitere Alternative beim Kauf ist die Absicherung der Investition für das gesamte Portfolio auf einmal. Dies birgt eine große Risikospanne, aber auch einige Vorteile, aber wenn Sie auf einen Schlag kaufen, können Sie den Vorteil der Organisation des Verkaufs zu Ihrem Vorteil finden, abgesehen von den psychologischen Aspekten.

Aber wenn man zu unterschiedlichen Preisen kauft, ist man nicht in gleicher Weise betroffen, was es einfacher macht, darauf zu warten, dass die Investition einen Gewinn abwirft, es hat eine psychologische Stärke, wenn man über die Schaffung einer Kaufgewohnheit nachdenkt, ist es besser, den Marktpreis nicht zu berücksichtigen.

Auf den ersten Blick mag der Marktpreis günstig erscheinen, aber Sie können nicht übersehen, dass einige Prozentsätze oder Provisionen beteiligt sind, da der Kaufauftrag mit unterschiedlichen Beträgen und Angeboten konfrontiert wird, je nach der Art der Börse, die Sie wählen, da jede ihre eigene Politik für Transaktionen hat und eine andere Erfahrung ausgibt.

Eine weitere Variable, die sich auf die Durchschnittskosten auswirkt, sind die relativen Durchschnittskosten, die es ermöglichen, eine Strategie zu formalisieren, die in die entgegengesetzte Richtung der Empfehlungen zur Bildung des Portfolios geht, da sie die Nichtberücksichtigung des Preises zum Zeitpunkt des Kaufs vorschreibt, obwohl dies in einigen Fällen zu guten Ergebnissen führt.

Ein Kaufbudget und ein fester Zeitraum, in dem man sich daran hält, sind von entscheidender Bedeutung, denn wenn man über ein gewisses Kapital verfügt und mit einem Teil dieses Kapitals kauft, hat man die Möglichkeit, mehr zu kaufen, wenn die Preise fallen, und wenn der Preis steigt, ist dies ein Signal, weniger zu kaufen.

Diese Art von Variante führt dazu, dass man die Verpflichtung hat, viel härter für die Ergebnisse zu arbeiten und sich zu konzentrieren, aber in Wirklichkeit ist es für viele schwierig zu erkennen, wann man sich zurückhalten sollte, da diese Angst dazu führen kann, dass man vom Plan abweicht, weil man nur die Preisänderung beobachtet und verfolgt, um eine Entscheidung zu treffen.

Wichtig ist, dass Sie die richtige Strategie erkennen, um Ihre Emotionen zu beruhigen und die bestmögliche Reaktion auf eine Kursänderung zu erzielen.

- **Führt eine Neugewichtung des Portfolios durch**

Wenn Sie nämlich feststellen, dass der Wert einiger Vermögenswerte stark ansteigt, ist es an der Zeit, sie zu verkaufen, da ihr Wert gestiegen ist, und durch den Kauf anderer Vermögenswerte das Portfolio wieder ins Gleichgewicht zu bringen und einen Gewinn zu erzielen.

Diese Art von Reaktion führt dazu, dass die Vermögenswerte, die Teil des Portfolios eines Anlegers sind, weder übermäßig wichtig sind, noch dass andere vergessen werden. Es geht darum, die Konzentration an der Spitze aufrechtzuerhalten, wenn eine Kryptowährung um 400 % wächst und eine andere mit einem stabilen Wachstum aufrechterhalten wird, wird dieser Vermögenswert 40 % des Gesamtportfolios.

Auch wenn Sie anfangs nur 10 % des Portfolios für den Vermögenswert vorgesehen hatten, kann sich dieses Maß ändern. Am besten ist es, eine Art Diagramm oder eine Liste zu entwerfen, in der Sie die Vorgänge besser veranschaulichen können, damit der Vermögenswert dargestellt wird.

Tracking-Anwendungen helfen bei dieser Aufgabe sehr, und dann die Aktion des Verkaufs eines Teils von einigen cryptocurrencies, die in einer auffallenden Weise in den letzten Tagen gewachsen sind, dh wenn Bitcoin steigt, und IOTA wurde unverändert, müssen Sie etwas von der Bictoin verkaufen, um mehr von der zweiten Anlage zu kaufen.

Diese Art von Strategie hängt von der Art des Investitionsplans ab, den Sie verfolgen, und ist ein Schritt, der wöchentlich, monatlich oder halbjährlich durchgeführt werden sollte, aber es ist am besten, dies nicht für kurze Zeiträume zu tun, da die Provisionen die Art der Gewinne beeinträchtigen, die Sie erzielen können.

Eine Überprüfung alle drei Monate ist eine optimale Maßnahme, ohne in einen unbeständigen Übergang zu geraten, da die Kauf- und Verkaufstransaktionen von der Marktdynamik beeinflusst werden, aber das bedeutet nicht, dass es verboten ist, wichtig ist, dass es sich um eine gut begründete Entscheidung handelt.

Diese Art von Prognosen sind nützlich, um als ein Werkzeug mit der Macht, das Risiko mit mehr Sicherheit zu begegnen, auch das Risiko verringert wird, wenn Sie nicht alle auf eine Wette, stattdessen, wenn Sie diversifizieren Sie viele Möglichkeiten der Gewinn mit jeder Bewegung auf dem Markt zu bekommen.

- **Wie man die Gewinne mitnimmt**

Gewinnmitnahmen oder -abhebungen können auf den ersten Blick als etwas Einfaches verstanden werden, aber wenn Sie diese Art von Investition tätigen, sollten Sie zweimal über diese Aktion nachdenken, um mit diesen Optionen Gewinne zu erzielen, da die Welt der Kryptowährungen riskant ist und wenn Sie langfristig investieren, müssen Sie eine Position halten, ohne zu verkaufen.

Unabhängig davon, wie sehr sich die Marktbedingungen ändern, ist es ideal, an den Kryptowährungen festzuhalten, während sie sich im Laufe der Zeit entwickeln, Ihre Bedürfnisse zu vergessen und das Geld die erwarteten Gewinne generieren zu lassen.

Es kann schwierig sein, darauf zu warten, dass eine Kryptowährung um 500 % steigt, aber sie kann auch um 300 % abstürzen, weshalb die Entnahme von Gewinnen zum richtigen Zeitpunkt erfolgt, auch wenn es schwierig ist, beim Hoch zu verkaufen, um beim Tief zu verkaufen, und dies zu Verlusten führen kann.

Diese Art von Ziel kann als gierig eingestuft werden, weil sie große Anstiege erwarten, um zu verkaufen, auch sehr wenige sind in der Lage, den Anstieg eines Vermögenswertes vorherzusagen, weil die Bestimmung dieser Art von Bewegung mit Genauigkeit komplex ist, da der Preis variiert, dazu kommt der emotionale Faktor des Glaubens an einige Kryptowährung.

Es handelt sich nicht um einfache Schätzungen, aber wenn man überzeugt ist, jagt man nicht dem Ergebnis von Käufen und Verkäufen hinterher, ohne auf die Marktbewegungen zu achten, es sei denn, man ist auf ein hohes Risiko aus, um schneller Geld zu verdienen, was auch immer das bedeutet.

Unabhängig von den Bedürfnissen, die sich ergeben können, sollten Sie idealerweise an der langfristigen Investition festhalten, die Sie zunächst ausgewählt haben, denn im Laufe der Zeit werden Sie auf der Grundlage des im Laufe der Zeit erworbenen Prozentsatzes erhebliche Zuwächse erzielen, so dass es am sichersten ist, sich an den festgelegten Plan zu halten.

Wenn man eine Kryptowährung verkauft, muss man die Attraktivität bewerten, die sie im Laufe der Zeit verloren haben könnte. Dies ist ein grundlegender Gesichtspunkt, den man berücksichtigen muss, insbesondere wenn man bedenkt, dass der Markt immer ein unkontrollierbares Verhalten zeigt.

Selbst wenn es sich um die beste Kryptowährung auf dem Markt handelt, kann sie bald ihren Wert verlieren, wenn man keinen Wert in ihr sieht. Die Antwort liegt also darin, die Kurse ein wenig zu ignorieren, denn was am meisten zählt, sind die Ideen hinter den Kryptowährungen.

Zusammenfassend lässt sich sagen, dass diese Strategie für langfristige Investitionen alle stressigen Momente abdeckt, da Nachrichten oder Kursbewegungen Sie unter Druck setzen können, was Sie nur dazu bringt, Fehler zu machen, dies gilt für jede Art von Anlage, da keine Investition 100% sicher und erfolgreich ist.

Einige Maßnahmen, um langfristige Investitionen richtig zu tätigen

Die Bildung einer langfristigen Investition erfordert, dass Sie mit der Position oder dem Halten eines Vermögenswerts über 12 und 18 Monate hinausgehen, aber in der Realität einer Investition gibt es viele Aspekte, die untersucht werden müssen, ein grundlegender ist das persönliche Ziel, das Sie haben, da es die Hauptmotivation der Strategien sein wird, die Zeit als Faktor zu Ihren Gunsten zu nutzen.

Es besteht kein Zweifel, dass das Ziel dieser Art von Investitionen darin besteht, eine 100 %ige Rentabilität zu erreichen, und zwar durch eine ausgeprägte Solidität und eine ständige Überprüfung des Geschehens, um von den Cashflows zu profitieren; angestrebt wird die Aufwertung der Vermögenswerte durch die Bewegungen des Marktes.

Hohe Volatilität wird genutzt, um den Vorteil zu nutzen, dass Marktbewegungen über Gewinn oder Verlust entscheiden, aber dafür ist es entscheidend, die Zeit zu nutzen, um diese Vermögensströme zu erreichen, so dass der erste grundlegende Schritt darin besteht, die Bedeutung der Vermögensdiversifizierung zu erkennen.

Vermögenswerte sind mit einem gewissen Risiko behaftet, das zu einer Rentabilität führt, so dass Sie zwei Möglichkeiten haben: die Rentabilität und das damit verbundene Risiko zu akzeptieren oder es nicht zu akzeptieren und keinen Gewinn oder keine Investition zu erwirtschaften, aber da es sich um langfristige Investitionen handelt, werden Sie nicht einem so hohen Risiko ausgesetzt sein:

1. Rentabilität

Das Risiko und die Notwendigkeit, es zu minimieren, ist das, was von der Höhe der erzielten Rentabilität abhängt oder diese abschätzt, denn wenn man zu vorsichtig ist, erzielt man nicht die gleichen Gewinne, die Rentabilität steht immer in direktem Zusammenhang mit dem Risiko, es ist wichtig, sich darauf zu konzentrieren, wenn man ein minimales Risiko anstrebt, wird man nur eine mittelmäßige Rentabilität erzielen.

Wenn Sie in einen Vermögenswert investieren, der eine ausgewogene Rendite bietet, können Sie das Risiko anpassen oder abschätzen, indem Sie ihn mit weiteren Vermögenswerten kombinieren. Daher ist eine langfristige Diversifizierung unerlässlich, anstatt nur einen einzigen Vermögenswert zu bevorzugen, um eine Aktie zu ernten, und Kryptowährungen mit ihrem Verhalten sind besser als andere Instrumente.

2. **Wetten auf die Dividende**

Es ist eine andere Art von Strategie, langfristige Investitionen zu tätigen, indem man den Zweck der Projekte verfolgt, um die Art der Rendite zu messen, die sie bieten können. Um dies zu nutzen, ist es wichtig, Unternehmen auszuwählen, die gute Dividenden generieren, die sowohl ein stetiges als auch ein wachsendes Einkommen darstellen.

Dies wird als originäre Maßnahme für Aktien bezeichnet, da die Aktienrendite als Eigenkapital bezeichnet wird, die zu vereinnahmenden Dividenden jedoch nicht auf einer wie auch immer gearteten Vereinbarung beruhen, sondern die Auswahl auf Unternehmen gelegt werden soll, die einen erheblichen Anstieg der Dividenden aufweisen.

3. Replizieren eines Index

Es handelt sich dabei um Fonds, die ein bestimmtes Verhalten des Marktindexes simulieren und nachbilden, wobei es sich um festverzinsliche Wertpapiere oder Aktien handeln kann, so dass der Anleger eine Zeichnung des Fonds erwerben und ein Portfolio von Vermögenswerten bilden kann, das der gleichen Zusammensetzung des Indexes folgen muss.

Der Nutzen dieser Alternative besteht darin, eine Volkswirtschaft nachzubilden, ohne sich zu sehr mit dem Portfoliomanagement befassen zu müssen. Es handelt sich um eine wesentlich passivere Nachbildung, wobei berücksichtigt wird, dass ein Index ein gewichteter Durchschnittswert ist, der weniger schwankungsanfällig sein soll als die einzelnen Vermögenswerte, aus denen er sich zusammensetzt.

Jede Oszillation von Vermögenswerten beginnt, sich gegenseitig auszugleichen, und das Risiko ist niedriger, es ist eine Absicht, den Markt zu dominieren, um ein höheres Risikoniveau zu verwalten, für diese die beste Antwort ist, den Markt zu folgen, anstatt ihn zu dominieren, weil die Wirtschaft hat mehr Grundsätze auf lange Sicht zu folgen.

Inmitten von Marktimpulsen gibt es auch Rückschläge und Gelegenheiten, von Haussezeiten zu profitieren, immer in der Zuversicht, dass der Markt langfristig steigen wird, so dass Sie je nach Verhalten der Kryptowährungen entscheiden können, ein Portfolio von Vermögenswerten aufzubauen.

4. **Alternative Anlagen**

Um ein variables Einkommen zu erzielen, das den erwarteten Zinseszins generiert, geht es darum, die Renditen in den Fonds, den Sie besitzen, zu reinvestieren, so dass Sie Zinseszins erhalten.

Eine Kryptowährung als wichtiges Finanzprodukt ermöglicht die Reinvestition zur Erzielung von Erträgen durch langfristige Strategien, wodurch das Potenzial des Zinseszinses genutzt wird.

5. Wertorientiertes Investieren

Sie wird als eine Strategie vorgestellt, die durch Warren Buffett populär wurde, der diese Art von Idealen dank Benjamin Graham entfachte, in der Summe zwei brillante Investoren, die empfehlen, den Wert nicht aus den Augen zu verlieren, insbesondere für das, was er in der Finanzwelt als eine Art Religion darstellt.

Buffetts Vermögensbildung, die das Ergebnis der Befolgung seiner Konzepte zur Interpretation der Finanzmärkte ist, die die Überprüfung des Aktienfonds festlegt, sucht diese Politik nach Vermögenswerten, die einen niedrigen Marktpreis im Vergleich zu ihrer objektiven Bewertung und ihrem Nutzen haben.

Zu diesem Zweck sollten Sie eine Bewertung des Projekts anhand der rohen und objektiven Daten vornehmen, um den tatsächlichen Wert des Vermögenswerts zu ermitteln und diesen dann mit dem Preis zu vergleichen, zu dem er auf dem Markt notiert ist, damit Sie feststellen können, ob er unter oder über seinem Wert liegt, und so eine großartige Investitionsmöglichkeit entdecken.

Wenn man in den Markt einsteigt und langfristig abwartet, kann sich der Preis des Vermögenswerts an das anpassen, was er tatsächlich wert ist, aber es ist eine Situation, die Geduld erfordert, da ein Vermögenswert seine Position nicht in kurzer Zeit wiedererlangt, daher ist es eine Strategie für Anleger, die nicht in Eile sind, und sie funktioniert bei Kryptowährungen.

Dies folgt Buffetts Botschaft, nur das zu kaufen, was man behalten will, unabhängig davon, ob der Markt für 10 Jahre schließt. Es handelt sich also um eine Philosophie, bei der alle grundlegenden Faktoren des Vermögenswerts und des dahinter stehenden Projekts zählen, und das erfordert Wissen.

6. Ergänzung zu einer langfristigen Investition

Alle Arten von langfristigen festverzinslichen Fonds sind nützlich, wenn man einige auferlegte Beobachtungen über die langfristige Performance der Kryptowährung hinzufügt, so dass die Rendite auf eine jährliche Ebene verlagert wird, so dass man mit einem höheren Maß an Sicherheit rechnen kann.

Da es sich um eine langfristige Anlage handelt, wird der Liquiditätsfaktor außer Acht gelassen, sondern das Ziel besteht darin, ein Portfolio aufzubauen, das über einen garantierten Fonds verfügt, wodurch die Anlage vervollständigt und das Portfolio anschließend untergewichtet wird, so dass es als stabiles Finanzprodukt stets ein festes Einkommen generiert.

Die Rolle von Kryptowährungen als langfristige Option

Der Einstieg in die Welt der Kryptowährungen sollte aufgrund ihres Wachstumspotenzials in Erwägung gezogen werden, das sie zu einer leistungsstarken Anlageoption macht, zumal diese digitalen Vermögenswerte im Vergleich zu den traditionellen Finanzmärkten immer mehr an Bedeutung gewinnen.

Es ist alles über die Nutzung von Marktchancen, zu betreten, wenn einige fällt auftreten, ohne trüben Sie einige gute Tage, an denen der Preis nicht fallen, aber wenn es steigt in den folgenden Tagen, so ist es eine Wartezeit, die zwei entgegengesetzte Ergebnisse liefern kann, in einem Markt ist nicht sicher bekannt, was passiert.

Neue Kryptowährungsanleger können anfangs ängstlich sein, so dass manchmal eine tiefe Rezession und einige verzweifelte Verkäufe zu erheblichen Verlusten in einem Bärenmarkt führen können, die lange Zeit brauchen, um sich zu erholen.

Das Verhalten der Kryptowährungen hat sich im Laufe der Zeit zu einem Muster entwickelt, das direkt mit der Volatilität zusammenhängt, die das Wachstum und die Rentabilität jeder Investition antreibt, ohne dass die Angst vor Baisseperioden zu verzweifelten oder kontraproduktiven Reaktionen führt.

Tipps für langfristige Investitionen in Cardano

Der Anstieg einiger Kryptowährungen kann in vollem Umfang ausgenutzt werden, und das ist der Fall von Cardano, einem Vermögenswert, der seit seinem Auftauchen im Jahr 2017 in aufsteigenden Positionen bleibt, was die enorme Fluktuation beweist, die hinter diesen Vermögenswerten steckt, und es ist eine Konstante, die die Preise beeinflusst.

Für einige Anleger sind Wetten auf Kryptowährungen vielleicht unangebracht, obwohl die Kühnheit dieser Investition in den letzten Jahren zugenommen hat, da es sich um eine vielversprechende Welt handelt, in der Cardano für seine ADA-Kryptowährung Raum gewinnt, obwohl diese Art von Transaktionen nicht reguliert ist und ihre Popularität weiter zunimmt.

Der Markt für Kryptowährungen wird immer mehr als interessante Anlagealternative geschätzt, da Assets wie Cardano auftauchen, die jeden überzeugen können, sie sind Teil der Entwicklung der Input Output Hong Kong

Blockchain, die die Aufmerksamkeit der Investoren auf sich zieht.

Cardano wurde 2017 geboren und hat seitdem einen wichtigen Platz in der Welt der Kryptowährungen eingenommen, vor allem, weil seine Nachrichten und Anstiege mit einer Hausseperiode zusammenfallen, und diese Phase wurde zum Vorteil von ADAs positivem Start genutzt, bis zu dem Punkt, an dem es in den wichtigsten Token-Rankings auftauchte.

Das Interesse an der Cardano-Blockchain nimmt stetig zu, da ihre zweischichtige Struktur die Aufmerksamkeit auf sich zieht. Die erste Schicht wird als CCSL bezeichnet und deckt Kryptowährungstransaktionen ab, während die nächste Schicht CCL die Funktion hat, Anwendungen zu starten und Entwicklerinput zu liefern.

Dies ist eine Neuheit, die über die Technologie von Bitcoin, Ripple, Litecoin und Ethereum hinausgeht, da die Blockchain-Technologie immer zugänglicher wird, wie es bei den Qualitäten von Cardano der Fall ist, bis zu dem Punkt, an dem sie jedem Nutzer für kurz- und langfristige Investitionen zur Verfügung steht.

Alles, was Sie über die Bereitschaft zu langfristigen Investitionen wissen müssen

Die Rendite des Kryptowährungsmarktes erreicht oder übersteigt 900%, vor allem nach dem Jahr 2017, diese Zahlen wurden nicht vor in jedem Markt beobachtet, dies bewirkt, dass die langfristige Investition die beste Strategie ist, um Gewinne zu erzielen, aber um diesen Punkt zu erreichen, müssen Sie ein Portfolio aufbauen, das die Marge von Verlusten verringern kann.

Die langfristige Sichtweise ist ein direktes Synonym für Geduld und die Einsicht, dass es sich um einen schnelllebigen Markt handelt, so dass sich die Zeit statt auf Jahre auf Monate reduzieren lässt.

- **Die positiven Aspekte einer langfristigen Investition in Kryptowährungen**

Die Statistiken stützen das Wirtschaftswachstum, das hinter den Kryptowährungen steht, weshalb es sich um einen Weg handelt, der funktioniert und der durch die Höhe der Rendite, die diese Vermögenswerte dank der Aufwärtstrends, die im Laufe der Zeit in diesem Bereich zu verzeichnen sind, belegt wird.

Aus diesem Grund sind langfristige Investitionen für Kryptowährungen viel geeigneter, um den Vorteil zu nutzen, dass man von vornherein Zugang zu niedrigen Provisionen hat, da man bei Investitionen mit dem Handelsansatz aufgrund der ständigen Provisionen nur Verluste erleidet, während man beim einfachen Kaufen und Abwarten keinen Provisionen ausgesetzt ist.

Andererseits ist diese Maßnahme weniger risikoreich, da es nur darum geht, in den Markt ein- und auszusteigen, es gibt nicht viel mehr zu tun, so dass Sie nicht Tage oder Zeit investieren müssen, um beträchtliche Gewinne zu erzielen, und mit einer guten Strategie müssen Sie sich keine Sorgen über den Zeitaufwand machen.

Wenn Sie wiederum eine solide Strategie für Investitionen in Kryptowährungen umsetzen, reduzieren Sie Ihre

Verluste, sofern Sie sich über das Volatilitätsniveau im Klaren sind, mit dem Sie konfrontiert sind, so dass Sie die Gewinne, die diese Investition abwirft, planen können, wofür die Portfoliokonstruktion entscheidend ist, da Sie einige Indikatoren beachten.

Das Potenzial einer Auswahl von Kryptowährungen ist messbar, d.h. durch ständige Identifikation können Sie diese Aktionen so einbeziehen, dass Ihre Gelder nicht verloren gehen, sondern eher das Gegenteil.

- **Langfristige Wertindikatoren**

Der Marktanteil ist eine Definition, die den Anteil der Marktkapitalisierung einer Kryptowährung am Markt misst. Wenn ein Marktanteil ein Symbol für Dominanz ist, wird er als Bewertung der langfristigen Lebensfähigkeit einer Kryptowährung verwendet.

Ein weiterer Indikator, den es abzuschätzen gilt, ist der Nutzwert, der dabei hilft, festzustellen, ob eine Kryptowährung in einigen Jahren noch Bestand haben wird. Dieser wird anhand des Nutzwerts des Vermögenswerts sowie der Art des Nutzermarkts, der dahinter steht, als eine Art Rückhalt oder Unterstützung gemessen.

Da Sie diese Punkte beantworten können, werden Sie die entsprechenden Kryptowährungen annehmen, um Gewinne zu erzielen, z.B. Ethereum ermöglicht es Ihnen, dezentralisierte Anwendungen zu bauen, daher basiert der Wert dieses Vermögenswertes auf der Entwicklung von DAPP, in Anbetracht dieses Konzepts kann geschlossen werden, dass es ein Vermögenswert mit Zukunft ist, wegen seiner Nützlichkeit.

Auch das Transaktionsvolumen ist eine Schätzung, um zu sehen, ob eine Kryptowährung genutzt wird. Dazu muss man sich nur das Volumen genau ansehen, das historisch aufgezeichnet wird, d.h. es ist eine Zahl, die steigt, und die Aufwärtstendenzen bestätigen, dass das Portfolio langfristig erhalten bleibt.

Im gleichen Sinne ist die Entwicklung der Technologie ein Schlüsselfaktor für die Entwicklung der Kryptowährung, da die Technologie dahinter angemessen sein muss, damit der Vermögenswert eine großartige langfristige Wette ist, insbesondere weil es kein Projekt sein wird, das scheitert.

Die Verarbeitung von Trades muss effektiv sein, da dieser Aufwärtstrend die Kryptowährung lebensfähig hält, obwohl die Auswirkungen auf den Preis auch durch Marktnachrichten verursacht werden, da sie zu Erfahrungen werden, die Auswirkungen auf die Lebensfähigkeit des Vermögenswerts ausstrahlen.

Jede Marktnachricht kann und wird sich auf den Kurs auswirken und die Bewertung des Portfolios verändern, so dass Sie möglicherweise nicht wissen, wie Sie rechtzeitig reagieren sollen. Daher sollten Sie die Nachrichten verfolgen, die ein finanzielles Gewicht haben, damit Sie Entscheidungen für das Portfolio treffen können.

Sie können weitere Indikatoren finden, um die Rentabilität jeder Kryptowährung im Auge zu behalten, und wenn Sie diese Schätzungen im Hinterkopf haben, können Sie Ihr Portfolio mit einer bestimmten Ausrichtung aufbauen, ohne den Prozentsatz jeder investierten Kryptowährung aus den Augen zu verlieren.

- **Leidenschaft für das Risiko**

Die Wahl einer Kryptowährung ist eine direkte Risikoexposition. Bevor Sie also in diesen Bereich einsteigen, müssen Sie den Grad Ihrer Toleranz gegenüber wirtschaftlichen Ereignissen abwägen, da diese nicht mit den traditionellen Anlagemärkten vergleichbar sind.

Aber genau diese Risikobereitschaft führt zu einer höheren Rendite, die sich im Laufe der Zeit leichter kapitalisieren lässt und Teil der Hebelwirkung eines ausgewogenen Portfolios ist, mit dem man nicht zu viel Risiko eingehen muss, das aber auch nicht zu vorsichtig ist.

Wenn Sie diese Überlegungen auf Kryptowährungen anwenden, können Sie Kryptowährungen besser verstehen und auf dieser Grundlage die Art des Engagements messen, die Ihrer Risikobereitschaft entspricht. Ein Portfolio mit hohem Risiko ist beispielsweise ein

Portfolio, das zu 80 % aus Small-Cap-Kryptowährungen besteht.

Was Sie bei Investitionen in Kryptowährungen beachten sollten

Jeden Tag ist zu beobachten, dass Investitionen in großem Umfang und in kurzen Zeiträumen üblich geworden sind, es ist ein Weg, der Gewinne bringen kann, aber ein hohes Risiko birgt, daher ist die Reaktion einer langfristigen Investition eine Möglichkeit für Sie, einen Gewinn zu erzielen, obwohl es viel länger dauern kann, ohne so viel Risiko.

Geld verdienen durch den Handel mit einigen Kryptowährungen geht Hand in Hand mit der Wahl dieser Vermögenswerte, sowie unter Berücksichtigung der ersten Faktor, der die Zeit, die Sie wollen, um Gewinne zu widmen ist, und zur gleichen Zeit das Ausmaß des Risikos Sie gehen, um mit während dieses Prozesses.

Das Streben nach großen, kurzfristigen Gewinnen ist jedoch mit einem hohen Risiko verbunden, und es ist unabdingbar, einen größeren Zeitaufwand zu betreiben.

1. **Vorsicht vor Betrug**

Die Welt der Kryptowährungen bietet viele Möglichkeiten, einige von ihnen können sehr gut sein, aber andere sind es nicht, weil hinter diesen Informationen falsche Schätzungen stehen können, entweder mit Gurus oder mit Anwendungen, diese Situation ist konstant und verstärkt sich, wenn ein Trend den Markt übernimmt.

Normalerweise stößt man auf Angebote, die nur darauf abzielen, Menschen mit einem akademischen oder informativen Plan anzulocken, der letztlich eine Lüge ist. Das kann verlockend sein, weil es so echt erscheint und sogar als die beste und sicherste Alternative postuliert wird, obwohl es das Gegenteil ist.

2. **Die Gegenwart und die Zukunft**

Die Daten, die im Durchschnitt analysiert werden, sowohl in Bezug auf Kryptowährungen als auch auf den Markt und die Finanzen, können eine Schlüsselrolle für die Art des Einflusses spielen, den dies hat, und es ist ein Muss für traditionelle Strategien, damit Sie in der

Lage sind, Ihre Investitionen über verschiedene Arten von Kryptowährungen zu diversifizieren.

Wenn Sie diese Schritte befolgen, besteht kein Zweifel, dass Sie die Möglichkeit haben werden, Zinseszinsen zu erhalten. Dies wird durch die Plattform gewährleistet, die Sie für die Durchführung einer solchen Investition wählen, ebenso sollten Sie bedenken, dass der durchschnittliche Anleger nicht übersehen sollte, dass Sie mehr verlieren als Sie gewinnen.

Der Handel mit Kryptowährungen im Allgemeinen kann gesundheitsgefährdend sein, da die Kapitalrendite viele Emotionen und Unruhe auslöst, vor allem, wenn das Ergebnis niedriger ausfällt als erwartet, so dass es sich kurzfristig nicht um eine gesunde Investition oder Aktivität handelt, vor allem, wenn Sie ein unerfahrener Händler sind.

Lernen kommt rational, wie Sie mit der Welt der Kryptowährungen zu interagieren, vor allem bei der Bewertung der Durchschnitt und die Rentabilität der einzelnen Schritte, die Sie zu einem konstanten Zustand des Verlustes zu beobachten, ohne zu verlassen, dass die Vergangenheit auch ein gewisses Gewicht auf die Ereignisse, die während der Investition auftreten, führen kann.

Die Kontrolle darüber, was mit Ihren Investitionen geschieht, ist eine Summe von Konzentration und Stress, da die Transaktionen direkte Auswirkungen und Folgen für Ihr Leben haben.

3. Zweifel am Daytrading im Vergleich zu langfristigen Investitionen

Die verfügbaren Marktdaten zeigen, dass die Tätigkeit als Daytrader nicht der beste Weg für Anfänger ist, obwohl es sich um einen beliebten Weg handelt, der existiert, weil die meisten auf psychologischer Ebene von dieser Art der Wahl verführt werden, da die Wirtschaftswelt schwer zu verstehen ist.

Dies führt zu einer Überlebensvorliebe, da Menschen durch die Anzahl positiver Fakten oder Ergebnisse zu Empathie angezogen werden. Sobald Investoren täglich ihre hohen Gewinne präsentieren, wird dies zu einer Verführung für andere.

Ein weiterer psychologischer Faktor ist die hyperbolische Diskontierung, die mit der kognitiven Verzerrung zusammenhängt, die dazu führt, dass man nur an die Gewinne und die Rendite dieser Investition denkt.

Day-Trading hat nur sofortige Ergebnisse, aber mehr Gewinn hat eine langfristige, obwohl es üblich ist, dass die Anleger nicht wagen, weil sie Angst vor der Zukunft sind, aus diesem Grund denken sie über die sofortige Rendite, anstatt die langfristige Rendite, die alle dank dieser beiden unterbewussten Gedanken, die von falschen Gurus verwendet werden.

Verschiedene Anwendungen und Werbungen versuchen, mehr Menschen dazu zu bringen, in diese Modalität zu investieren. Dieser häufige Fehler wird von Anfängern begangen, die sich aufgrund ihrer Unerfahrenheit leicht von irreführender Werbung mitreißen lassen.

4. **Die Vorteile der Bevorzugung langfristiger Investitionen**

Auf der Grundlage der Daten kann festgestellt werden, dass Day-Trading und kurzfristige Investitionen in Kryptowährungen, ist es offensichtlich, dass sie nicht bieten Gewinne, daher die langfristigen Weg bietet weniger Risiko, so dass Sie Ihre Mittel zu multiplizieren, ist dies eine Demonstration der Realität zu verlangsamen die Geschwindigkeit des Handels.

Sie müssen einige Investitionsoptionen in Betracht ziehen, die für Ihre Zukunft sicher sind, und diese Art von Rendite ist attraktiv, vor allem, da Börsen Zinseszins bieten, was bedeutet, dass Sie 5 % Zinsen auf viele oder die meisten Kryptowährungen erhalten können.

Aus diesen Gründen ist das Halten von Kryptowährungen eine praktikable Alternative. Dies ist interessant für Prognosen, die positive Daten zu den Vermögenswerten bieten, und das ist eine wichtige Motivation für die Entscheidung für die eine oder andere Kryptowährung.

Wie man durch Social Trading in Kryptowährungen investiert

Bevor Sie in Kryptowährungen investieren, sollten Sie sich unbedingt über alle verfügbaren Optionen informieren, damit Sie sich für die richtige entscheiden können. Heutzutage, wo so viele Nutzer auf Kryptowährungen setzen, ist es wichtig, dass sie als Instrument zum Beispiel zum Schutz vor Inflation eingesetzt werden.

Als erstes muss die Angst vor der Volatilität überwunden werden, denn jede Wette ist von diesem Element umgeben, während für die Konservativen die Option stabiler Währungen besteht, die die gleiche Parität wie der Dollar beibehalten, die alle Teil der internationalen Finanzentwicklung sind.

Wetten auf den Kryptowährungsmarkt sind wertvoll, weil das Vertrauen in diese Vermögenswerte wächst. Mehr als die Hälfte der Anleger nutzen sie als langfristigen Plan zur Sicherung ihrer Zukunft, was vor allem auf das Misstrauen gegenüber dem traditionellen Finanzsystem zurückzuführen ist.

Wenn die Angst erst einmal überwunden ist, besteht der nächste Schritt darin, Kryptowährungen auf natürliche und selbstbewusste Weise zu erwerben, einfach die Entscheidung zu treffen, den besten Weg zu finden, Kryptowährungen zu nutzen.

Der am besten geeignete und bevorzugte Weg ist das "Social Trading", denn es ist ein Modell oder ein Weg für Sie, die richtigen Instrumente einzusetzen, um das Risiko, das Sie eingehen, zu verringern, und dies ist Teil eines nützlichen Vorbereitungs- und Lernprozesses, der darin besteht, das digitale Portfolio eines anerkannten Finanzgurus oder Finanziers zu replizieren.

Indem Sie in die gleichen Vermögenswerte wie diese Experten investieren, können Sie eine gleichwertige Rendite erzielen, obwohl Sie immer noch gewinnen oder verlieren können, denn nichts ist völlig sicher, es sei denn, es handelt sich um professionelle Daten, die bezahlt werden, so dass Sie Ihre Emotionen beruhigen und Ihre ersten Schritte in diesem Umfeld machen können.

www.ingramcontent.com/pod-product-compliance
Lightning Source LLC
Chambersburg PA
CBHW070110230526
45472CB00004B/1201